天下文化
BELIEVE IN READING

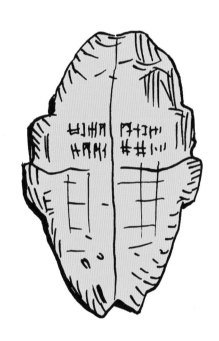

一件刻在龜甲上的文字，
時間可追溯至大約三千兩百年前的商朝。
這種「甲骨文」用於占卜未來，
例如這件是關於能否豐收。
甲骨文是目前所知最早的中國文字。

科學文化 212

人類大歷史

知識漫畫

Sapiens
A Graphic History

❷ 文明支柱
The Pillars of Civilization

BY YUVAL NOAH HARARI
DAVID VANDERMEULEN, DANIEL CASANAVE

哈拉瑞／著　范德穆倫／合著　卡薩納夫／繪圖

林俊宏、顏志翔／合譯　胡川安／譯文審訂

Creation and co-writing: Yuval Noah Harari
Adaptation and co-writing: David Vandermeulen
Adaptation and illustration: Daniel Casanave

Colors: Claire Champion

Editor (Albin Michel): Martin Zeller
Editing and rights (Sapienship Storytelling):
Itzik Yahav, Naama Avital, Naama Wartenburg, Daniel Taylor
Master text translation: Adriana Hunter
Diversity consulting: Slava Greenberg
www.sapienship.co

Cover design: Harold Peiffer
Cover illustration: Daniel Casanave

Adapted – under the coordination of Sapienship and Albin Michel Publishing (France) –
from *Sapiens: A Brief History of Humankind*, by Yuval Noah Harari.
First edition published in Hebrew in 2011 by Kinneret, Zmora-Bitan, Dvir.
First Complex Chinese edition 《人類大歷史：從野獸到扮演上帝》
published in 2014 by Commonwealth Publishing Co., Ltd.

獻給過去樹立起支柱的祖先，

也獻給我們自己：

為了後世，我們必須成為更好的祖先。

—— 哈拉瑞

大歷史年表

138 億年	物質和能量出現。物理學之始。 原子和分子出現。化學之始。
45 億年	地球形成。
38 億年	生物突現。生物學之始。
600 萬年	人類和黑猩猩最後的共祖。
250 萬年	人類在非洲演化。使用石器。
200 萬年	人類由非洲擴張至歐亞大陸。 演化為不同人類物種。
40 萬年	尼安德塔人在歐洲和中東演化。時常用火。
30 萬年	智人在非洲演化。
7 萬年	認知革命。出現說虛構故事的行為。 歷史學之始。智人擴張到非洲以外。
5 萬年	智人抵達澳洲各地定居。澳洲巨型動物絕種。
3 萬年	尼安德塔人絕種。智人成為唯一存活的人類物種。

1.5 萬年	智人抵達美洲各地定居。美洲巨型動物絕種。
1.2 萬年	農業革命。馴化動植物。智人開始永久定居。
5,000 年	出現最早的王國、文字和金錢。多神信仰。
4,250 年	出現最早的帝國：薩爾貢大帝的阿卡德帝國。
2,500 年	發明硬幣 ——普世通用的貨幣。 波斯帝國 ——普世的政治秩序。 印度的佛教 ——普世的教誨。
2,000 年	中國的漢帝國。地中海的羅馬帝國。基督宗教興起。
1,400 年	伊斯蘭教興起。
500 年	科學革命。人類承認自己的無知，開始取得前所未有的能力。 歐洲人開始征服美洲及各大洋。 整個地球形成單一的歷史競爭舞臺。資本主義興起。
200 年	工業革命：家族和社群被國家和市場取代。動植物大規模絕種。
現代	人類跨出地球疆域。 核武威脅人類生存。 生物逐漸由「智慧設計」形塑，而非天擇。
未來	「智慧設計」成為生命的基本原則？ 最早的非生物生命形式？ 人類成神？

第 *5* 章

麥田魔鬼的交易

9

哈哈……

小驚喜被你猜到了……
這是薩拉絲瓦蒂教授的點子。

教授,真的嗎?

呵呵,
沒錯。

我剛好到臺拉維夫來,聽說這齣戲正在
上演,就覺得我們三個可以來看看。

這齣戲就是在講
智人接下來的發展,
正好能滿足我們的好奇心。

我等不
及了!

11

我看到智人忙著想起火、製作工具，
就覺得他們肯定會心癢癢，想控制這個世界的一切！
所以我想，或許智人會想控制山羊？

咩？

我想幫他們一把，他們卻愛理不理。

咩？

我第二次拜訪智人，他們開始有系統的
消滅大型動物和其他人類。

咩？

還是沒有喔。他們都已經對人類
和動物幹這些事了，卻還是對於
掌握實權不感興趣。

咩？

我心想：完蛋了，他們會步上暴龍的後塵！

咩？

腦中只有殺殺殺，但沒有想過
能把其他動物當作自己的奴隸……

終於啊，終於！直到大約一萬兩千年前，我在中東與一個人
不期而遇，才成了意外的突破口……

我這次化身成一株小麥穗，
準備來誘惑一個叫浮士德的
可憐智人……

早啊，浮士德，你有點煩惱，對吧？

哦！小麥穗，是你在講話嗎？！

別怕，我是好人喔！

你說得沒錯，我是有點煩惱，我一直在思考人生，不知道怎樣才能過得更好！

可是你只是一株小植物，哪幫得了我呢？

說說看啊，你想改變什麼？我小歸小，但誰知道呢，我可能很厲害喔！

朋友都笑我，說我大驚小怪。

我覺得現在的生活好煩，我不想再花好多時間追獵物，也懶得辛苦爬樹，每隔幾個日升日落之後，就得弄出新的落腳處……

而且永遠不知道能不能在森林裡找到足夠的食物。

他們都說：「浮士德，你想太多啦！不要再想了，生活開心就好啊！」可是我就是擔心得要命，就是希望手邊能多存點食物！

我想，我能完成你的心願喔……

別害羞，來，靠近一點。

馴化我吧！

15

人類的生活方式，
就此有了天翻地覆的改變，史稱……

農業革命

遠古人類狩獵和採集的物種成千上萬，但只有極少數參與馴化的遊戲。

這些少數物種只生長在特定的幾個地方，因此農業革命也就在那些地方展開。

直到今天，你們這些貪吃的人類所需的卡路里，有一半都只靠著三種植物和兩種動物取得，分別是小麥、水稻、玉米，以及牛、豬……

都是九千多年前馴化的動植物！

豌豆和小扁豆（10,000年前）

駱駝（5,000年前）

綿羊（10,500年前）

羊駝（5,000年前）

山羊（10,000年前）

馬（5,500年前）

雞（8,000年前）

乳牛（10,500年前）

豬（10,500年前）

貓（8,000年前）

肩峰牛（8,500年前）

開心果（8,000年前）

葡萄藤（8,000年前）

洋橄欖樹（6,500年前）

小麥（12,000年前）

18

19

22

23

啪
啪
啪
啪

好可怕的
故事喔!

小柔,戲
好看嗎?

好看!
但這就只是戲吧?
現實世界怎麼可能
發生這種事?

智人為什麼要放棄原本不錯的
生活,改過這麼爛的生活?

他們有得到什麼
好處嗎?

其實幾乎
沒有……

而且這齣戲
甚至還沒把
真實的悲慘
程度都演出
來喔……

我們去公園裡點杯飲料,
邊喝邊聊吧?

好主意,哈拉瑞。
老天啊,都幾月了,
還這麼熱……

所以,戲裡演的
都是真的嗎?

沒錯。至少主要
內容是真的。

24

當然，事情沒有戲裡演的那麼簡單。戲劇總得稍微改編，才會有賣點嘛！但現實生活複雜得多了。農業革命並不是突然發生的單一事件，涉及的對象也不是只有一個人和一個植物。

農業革命是一場長達數千年的漫長過程。

不是只有一個浮士德簽訂了魔鬼契約，也不是只有一場農業革命在中東發生，再傳播到全球各地……

啵！

啵！

啵！

事實上，是在全球許多不同地區，各自發展出了農業。

但也不是處處都有。像是在澳洲、南非、阿拉斯加，當時就沒有適合馴化的動物和植物……

嘿，你們看！最新一期的《比爾和辛蒂》出版了耶！

哈哈！畫得真妙！

講到餐廳，我們去吃晚餐吧？

農業革命之前，穀物只占智人飲食的一小部分。人類是雜食動物，各種各樣的食物都吃。

多尼奧全麥義大利麵食館

如果以穀物為主食，不僅維生素和礦物質不足、難消化，還會傷牙齒和牙齦。

小麥並沒有為智人提供更好的飲食。

謝謝。

顯然也沒有讓智人的經濟就此穩定下來。

務農的生活，比狩獵採集來得更沒保障。

我覺得他們一直在看我，他們一定是在做餐廳評價的祕密客。

27

狩獵採集者吃的食物種類廣泛,也就代表即使遇上荒年、沒有存糧,他們也能撐得下去。畢竟就算某種植物長得不好、某種獵物數量變少,只要採集或狩獵別的食物就行。

嗯……
選什麼好呢……

直到不久之前,大多數農民所攝取的熱量幾乎還是來自少數幾種經過馴化的植物。許多地方只有一種主食,有的是小麥,也有的是馬鈴薯或稻米。

多尼奧麵食館

義大利麵

義大利麵疙瘩

義大利燉飯

要是降雨不足、蝗蟲來襲、或作物被真菌感染,就可能有成千上萬、甚至是數百萬名農民餓死。

像是在 1847 年,小小的黴菌就毀了愛爾蘭的馬鈴薯收成,造成一百萬愛爾蘭人餓死,還有一百萬移民去了美國。

更重要的是,農村生活擁擠,容易接觸到多種動物與排泄物,一旦有某種病毒從家禽家畜開始傳人,就可能讓全村的人喪命。

農業不只帶來更多流行病,還帶來更多暴力!農業時代開始後,突然就多了很多發生衝突的理由。要是附近的人來搶你的穀倉,你可不能就拍拍屁股走人。要是不為此而戰,你就有可能會餓死……

這本漫畫講的沒錯,很多研究都證明事實如此。

從考古和人類學證據看來,在許多農業社會,大約有 25% 的死亡事件是暴力致死。

一開始,有些農民比較和平、有些農民比較暴力。像是在南黎凡特的考古遺跡顯示,幾千年間,這個地區的城鎮和村莊並沒有圍牆,也很少出現戰爭。

然而,比較暴力的農民逐漸擴張領土,其他人不是得有樣學樣,就是得逃離他們。

訴諸大規模戰爭並不是人類共有的天性,而是在許多原始農業社會中誕生的。

後來就像瘟疫一樣蔓延開來!

可悲的是,戰爭與和平之間無法自然達到平衡。兩部落同心協力,才能維持和平;但只要一個部落心懷不軌,就能單方面發動戰爭。

暴力、飢餓、疾病…… 可是,哈拉瑞舅舅,對最早的農夫來說,住在村子裡應該還是有些好處吧?

村子可以保護他們不受野獸攻擊,還能禦寒擋雨,不是嗎?

沒錯,但對於像是比爾和辛蒂這樣的普通人來說,常常是弊大於利……

咦,可是我也是普通人,就不覺得農業有什麼不好的啊。要是沒有農業,不就不能在這家餐廳吃義大利麵了嗎?

小柔似乎很喜歡農業?但那是因為我們不用自己下田喔!我們只要開開心心的享用農產品就可以了。對於活在繁榮現代社會的人來說,農業革命真是太棒了。

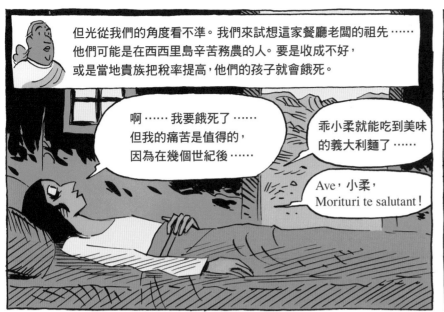

但光從我們的角度看不準。我們來試想這家餐廳老闆的祖先……他們可能是在西西里島辛苦務農的人。要是收成不好，或是當地貴族把稅率提高，他們的孩子就會餓死。

啊……我要餓死了……但我的痛苦是值得的，因為在幾個世紀後……

乖小柔就能吃到美味的義大利麵了……

Ave，小柔，Morituri te salutant！

好吧，那對中東最初的農民來說，或是對那個在西西里島快要餓死的女孩來說，小麥到底有什麼意義？

你說對個人而言啊？……什麼意義都沒有！哈哈！

哇哇哇！

哈！哈！開個玩笑啦，是本店的免費表演喔！

老闆你確定嗎？這麼便宜？

對對對……五折招待！貴客上門，當然要有特別折扣！

好吧，那就謝謝囉……

Grazie mille!
Buona serata!

天啊，那些義大利餐館的老闆，人都好好喔！

還很風趣！

他們一定是很喜歡我們……

31

《商業日報》
農業革命是個陷阱！

哈拉瑞投下一枚震撼彈，可能撼動全球市場。

米爾頓・金山：農業仍然是史上最棒的交易

知名經濟學家米爾頓・金山教授挑戰哈拉瑞教授的主張。金山教授接受《商業日報》專訪表示：

金山：「如果從個人角度來看，農業或許不是個好主意……但是對於整個智人企業來說，卻是再成功也不過！種植穀物，能讓每單位的土地提供更多糧食。正是因此，才讓智人的人口數目呈現指數級成長！」

讀者最愛專欄：小謊、謊言、統計數據

大約一萬三千年前

人類以狩獵採集野生動植物維生之際，巴勒斯坦耶利哥一帶，可養活一個大約五十人的遊牧遊群。

大約九千年前

野生植物變成了片片麥田，這個綠洲現在能夠養活一座人口稠密的大型村莊，村民可能高達一千人。

商業日報：我們是否要像哈拉瑞教授所主張的，認為農業對智人來說非常不利？

米爾頓・金山：哈拉瑞教授錯了，他沒有從管理學的角度來看這件事！我的意思是……拜託有點常識好不好！我們判斷一家企業是否成功，看的不是員工有多開心——至少就我所知沒這回事！我們看的是企業的整體獲利！數字就可以證明，農業大幅改善了人類整體的淨利！要計算演化是否成功，該看的不是飢餓或痛苦，而是基因！

商業日報：您的意思是，要衡量一個物種演化成不成功，看的是它留下DNA複本的數量嗎？

金山：沒錯，就是這樣！大家都知道這點！哈拉瑞教授怎麼可能不知道！一個物種要是沒了DNA複本就會滅絕，就像是公司沒了錢就會破產。而物種的DNA複本愈來愈多，就是演化上的重大成功！

商業日報：所以，擁有一千個DNA複本，一定比擁有一百個複本好囉？

金山：當然！這也正是農業革命的基本前提：能在同樣大小的區域上，讓更多人活下來。這就是進步！

與哈拉瑞的快問快答。給哈拉瑞教授的三個提問：

商業日報：對於您的分析，金山教授提出質疑，您有什麼回應？

哈拉瑞：他說的有一點沒錯，因為農業，地球上有更多人類繁衍下來，但是人類的生活也過得更加悲慘！你想想，任何一個有理智的人，怎麼可能為了增加智人基因組的複本數量，甘願降低自己的生活水準呢？這太莫名其妙了。誰會同意這種交易！這是個陷阱！它一點一點的慢慢闔上，人類還渾不清楚發生了什麼事，就掉進陷阱了。

訪談內容於本報第12頁繼續。

如果從演化的時間尺度來看，人類是一下子就進入到農業時期。

但是如果從個人的生命長度來看，這個過渡期十分緩慢。

狩獵採集者並不是一夜之間，就變成了農民。

而是每一代都改變一點點……

……就這樣一步一步……

慢慢的，許多的小改變就累積成巨大的變革……

智人在幾萬年前，就到了中東。

就這樣過了一代又一代，雖然沒有農業，但過得頂好的。

他們有時候會吃野生的小麥，但這只占了他們飲食很小的部分。其他能吃的東西可多了。

她說的沒錯，我們人不多，這個地方的資源對我們來說夠了。

風調雨順的時候，我們的祖先會生養更多小孩。

遇上凶年饑歲，就生少一點。

人類和許多哺乳動物一樣，身體會透過荷爾蒙和基因上的機制，來控制生殖。

食物不足的時候，就會延後進入青春期，生育能力也會下降。

14 歲

食物充足的時候，女孩就會提前進入青春期，受孕的機會也更高。

12 歲

除了這些自然的人口控制方式,人類也演化出了一些文化機制,來控制人口。你說是吧,浮士德?

沒錯!這位女士,我想當時確實是這樣。

我們還是四處遊牧的狩獵採集者的時候,實在不方便帶著很多嬰兒和小孩。

所以我們會想辦法三、四年才生一次小孩。

辦法之一,就是讓媽媽們餵母乳,餵到孩子三、四歲。

這是真的,餵母乳就能減少再次懷孕的機會,而且也有助於讓嬰兒長得頭好壯壯。

必定還有其他方法吧?

像是制定文化禁忌,鼓勵大家完全禁慾或部分禁慾……

哦!當然當然!再不然也可以墮胎……

遇到真的逼不得已,就得把嬰兒殺掉……

35

大約一萬八千年前,最後一次冰期結束,迎來了一個全球暖化的時期。

一萬八千年前

氣溫升高,降雨也隨之增加,有利於小麥和其他中東穀物生長,於是這些植物開始激增並傳播開來。

浮士德,你來說說,還記不記得自己是從什麼時候開始比較常吃小麥?

女士,那都好久以前了!但那時候小麥仍然不是我們的主食……

你也知道,小麥不像無花果那麼方便食用,不是找到了就塞進嘴裡那麼簡單!

我們得扛回落腳處,然後篩一篩、磨一磨,再煮一煮。

嘿,有些都掉在路上了!

慢慢的,這些掉在回家路上的種子,就會開始發芽,在聚落附近沿路生長為成熟的小麥。

這時候小麥就已經在利用你,幫自己往四面八方散播了。

什麼鬼!沒想到居然會……

隨著小麥傳播開來、氣候逐漸改善，中東某些區域變得豐饒，當地的狩獵採集者也就不再需要不斷四處遷徙。

小麥這類的穀物有一種特點，雖然採收與後續處理很費力，但收割下來的穀物可以存放好幾個月，甚至好幾年！

要是狩獵採集者能在一個地方存到足夠的糧食，就可以在這裡待一整年，再也不用搬家了！

沒錯，我們可以建起一座村子了！

為了確保有足夠的小麥……

我們把村子附近的樹林和灌木都清掉了……

你們都成了小麥的劊子手！

樹木會和草本植物爭搶陽光、水和養分。

大部分的養分，樹木都用來長成粗壯的樹幹，人類無法食用。只有少部分會提供給堅果或水果。草本植物則會把較大比例的養分留給穀物。

所以對人類來說，一公頃的小麥能提供的食物，要比一公頃的森林來得多。那麼燒掉森林、讓出空間給小麥，聽起來就會是個好主意！

大約到了一萬四千年前，中東的一些狩獵採集者遊群就開始定居了下來。

琪琪！

甜蜜的家

女士，我帶你參觀我們的村子吧！

有件事我不太確定……

你們還算是狩獵採集者嗎？

當然！我們會去採集很多野生小麥。但不是我們努力栽培的啦，它自己長出來的。

我們也會採集其他野生植物，狩獵野生動物……你知道，瞪羚之類的。

在穀物成熟的季節，我們會去附近的丘陵和草地走走，盡可能把穀物蒐集起來。

一萬四千年前

然後我們把穀物都存在村子裡。

穀物季結束後，我們就跟以前一樣，繼續撿堅果、獵瞪羚等等的。

要是天氣不好，什麼食物都找不到，還可以把存著的穀物拿出來做麵包！

也就是說，我們可以在同一個地方待下來，用磚塊、石頭和木板，蓋一些真正的屋子，不用再遷就臨時的棚屋或帳篷了。

而且有屋子之後，就可以收藏東西了！光亮的石頭、漂亮的鹿角、折斷的刀子，都可以留在身邊！我們現在很富有了！

嘿，傑瑞！最近怎樣？

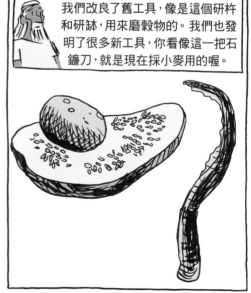

我們改良了舊工具，像是這個研杵和研缽，用來磨穀物的。我們也發明了很多新工具，你看像這一把石鐮刀，就是現在採小麥用的喔。

一萬一千五百年前

再經過幾代人的努力，一切真的上了軌道了。

我的子孫總是能想出一些新點子，把事情變得更有效率。

女士，你瞧這有多聰明！

他們現在收完穀物後，會刻意留下一些。不是為了吃，而是要拿來種！太強了！

嗨！浮士德娜！

哇，他們甚至會鋤地和犁地了！

一點沒錯，女士。

我們發現，如果不是隨便把種子撒在地面，而是深深埋進土裡的話，小麥的收成會好得多。

還不只這樣喔。每過幾十年，我們就會想出新的方式，讓農事更有效率。像是用這個東西除草……

除草工具！太聰明了！

我們也很細心的灌溉麥田，還會施肥和除蟲。

這一定很花時間……

真的！真的！栽培小麥愈來愈費工夫，基本上所有的時間都投進去了！

哪還有空去採無花果、獵瞪羚！

沒錯，親愛的浮士德娜，你已經變成一個農民了。

天啊，女士，什麼時候變成這樣的……

從浮士德採集野生小麥，
到他的後裔種植馴化小麥，
這兩者的轉變其實找不到明確的切分點。
很難說人類究竟是在什麼時候，
開始過渡到農業時代。

但在大約一萬年前，中東各地已經有
許多像是耶利哥這樣的定居村落。
村民大部分的時間都在栽培馴化植物。

在那個時代，耶利哥村民的
生活，一般都過得比從事
狩獵採集的祖先還要辛苦。

但當下沒有人理解
究竟發生了什麼事……

你說的沒錯，我們毫無預警……

女士你知道嗎，我現在仔細想一想……

那個時候的我們……

真的搞砸了……

我們費盡心力控制小麥，開始栽培小麥……

……食物確實變多了，但小孩也愈生愈多……

我懂。你們不再四處遷移，可以定居在一個村落時，女性就不用再限定四年才能生一個孩子，而是每年都可以生一個了。

對啊，而且現在有各種穀物能煮粥，小孩就可以提前斷乳了。

我們也馴化了一些動物，所以小孩還有山羊奶可以喝。小孩愈早斷乳，我們懷孕的次數也就愈多。

大家在村子裡生活，都擠在一起，除了各種牲畜、垃圾堆、汙水，還有老鼠和跳蚤……

沒多久，就有新的傳染病開始蔓延。

而且你們也沒想到，從餵母乳改成餵山羊奶和粥，會讓小孩的免疫系統減弱，而流行病又正好興起了。

我們想為人類創造一個完美的住所，沒想到卻為細菌創造了一個完美的溫床！

孩子們開始夭折，一個個相繼死去！

我的鄰居溫易萊拉，本來生了六個小孩，但去年瘟疫一來就全沒了。我們很擔心到了晚年會沒人照顧。

老實說，小孩如果沒有生病，在田裡可以幫上很多忙。要是沒有他們，實在忙不過來。

只不過他們也很會吃。有時候生太多，真的養不起。

但有時候卻一個也生不出來。這怎麼可能有辦法找到對的平衡嘛。

所以我們決定，保險起見，還是盡可能多生……但這也就代表我們得種更多小麥，才能養活他們。

媽媽拜託，我還好餓……

慢慢的，和小麥訂下的惡劣契約愈來愈不划算。過勞的工作量、猖獗的疾病……事實上，每一次的「進步」都讓情況變得更糟。

再說，有些時候你是被一些奇怪的宗教思想所影響，當時的你一定覺得，聽起來都很合理啊……

什……什麼宗教思想？我聽都沒有聽過……

我的天哪！虛構博士跑來這個故事幹嘛？

你聽說過哥貝克力石陣嗎？

沒……附近應該沒這個地方……

哥貝克力石陣位於土耳其東南部，那裡的建築可以追溯到大約一萬一千五百年前。那個地方很壯觀，讓我想起許多回憶……那裡的人相信很多事情，是你無法想像的！我最近才和一位考古學家朋友重訪那個地方。

克呂格神父博士和同事做了研究，得到很有趣的結論！

種種跡象顯示，這些重達七噸、雕刻華美的巨大石柱是狩獵採集者做出來的……虛構博士，你想像一下得有多少遊群和部落才做得到！

更不用說，要有多少食物，才能餵飽這所有工人。

我的同事最近就發現，有一種稱為「單粒小麥」的馴化小麥，就起源於距離這裡不到幾公里的地方。

這絕不只是巧合！

我認為，這些採集者已經不只是採集野生穀物，而是開始積極種植小麥，不只是為了增加存糧……

……更是為了建起這座宏偉的神廟，還有維繫在這座廟裡的各種活動。

這肯定是當時全球最大的建築……

但這座神廟究竟有什麼用途？

他們可能是對某個故事的內容深信不疑，似乎還覺得為了這個故事，所有辛苦建設都是值得的。

你絕不會相信，再奇怪的故事都會有人信！人類為了信仰，什麼莫名其妙的事都做得出來……

她這樣就講完了？我聽說她這個人話很多耶！

可是，女士……不論是蓋神廟或養小孩，其實都一樣。我們馴化了這些植物，就是讓自己暴露於飢餓、疾病和暴力之中。

小麥陷害了我們……

我還好餓……

設下陷阱的是我們自己……

沒錯，在陷阱開始步步逼近的時候，你們其實就該放棄農耕，趕快逃跑……

但女士，如今已經太遲了！我們人數已經太多，需要有更多孩子下田工作，也需要有他們來照顧我們的晚年。

而這些孩子都需要食物……因為食物不足，我們又得整理出更多農地，再更努力種田……

我知道，我知道……這就是個惡性循環……

可是，有些人倒是過得不錯。隨著神廟或灌溉水道這些大規模工程的落成，新的領導人和祭司就如同雨後春筍般冒出來。哼，你是不太會聽到他們抱怨肚子好餓啊，或是下田好辛苦啊等等的……他們出一張嘴叫我們做事，就夠忙了！

他們最會喊口號：「多種些小麥！多生些小孩！多做點工作！天堂已經近了！再撐一下！我們大家一起加油！」

如果有人敢說，我們其實該少做點事、少生點小孩、少種點小麥，那些領導人和帶頭的，就會大發雷霆。

光是提議要離開村子、回到在野外採集的生活，就會讓他們火冒三丈！

最糟糕的是，幾千年前發生在你們身上的事，到現代也沒改變。現代人也還是沒有看清楚事實。

我想跟你說說我侄子亞炯的事。

亞炯剛滿二十歲不久，大學畢業，很幸運就進了一間大公司。

雖然那不是他的第一志願，但他決定把握機會，趕快存錢。

我好好拚個十年或十五年……

到了三十五歲就能安心退休，我要學印度西塔琴，還要每個月到巴哈馬的天堂島玩飛行傘！

但在十五年後，亞炯有了三個在學的孩子……

他在郊區買了一棟房子，身上背了一大筆房貸，還有兩輛車的車貸。

美酒是他的生活不可或缺的愛好……

花大錢出國度假也是……

所以他該怎麼辦？回頭挖樹根嗎？哪有可能！當然是加倍努力、埋頭苦幹啊……

等了好久的升職加薪，或許明年就能實現了……

他也是奢華陷阱的另一個受害者……

奢華陷阱？

奢華陷阱是史上少數不變的鐵則。

人類總會發明一些大家並不真正需要的東西,但這些奢侈品總是很快就變成必需品。

我們開始覺得,擁有新的奢侈品是理所當然。不知不覺,就再也離不開這些東西了。

過去幾十年間,我們發明了無數工具,本意是幫人類節省時間……但我有了這些工具,卻還是永遠忙得半死!

叮!

您的包裹很快就會送達。

現在只剩下極少數人還在抗拒科技,不肯買智慧型手機……

哦,女士,我也記得我們有類似的情形!

幾千年前,我們有些鄰居,就是不想加入務農的行列……

沒錯,但浮士德娜,小麥並不需要騙過全人類,只需要先騙到一個小遊群就行了。

我可真是個鬼靈精吧!

最早的遊群轉為務農之後,開始指數成長,向四方擴展開來。

不願意落入小麥陷阱的狩獵採集者,只能不斷逃跑,放棄自己的獵場,看著獵場變成農地和牧場。

……或者自己也耕地,開始務農生活……無論如何,過去的生活方式注定一去不回……

47

以色列東北部

胡拉谷

人類馴化的不只有像小麥這樣的植物。

人類也馴化了動物。

這裡發現了一座墳墓，有一具女性和一隻小狗的遺骨。

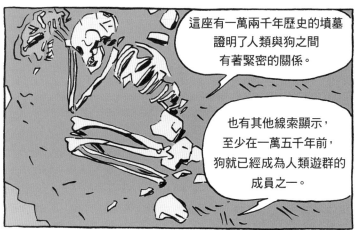

這座有一萬兩千年歷史的墳墓證明了人類與狗之間有著緊密的關係。

也有其他線索顯示，至少在一萬五千年前，狗就已經成為人類遊群的成員之一。

一萬五千年耶，琪琪！你能想像嗎？

最早的狗其實是自我馴化而來的。牠們起初是野生的狼，會跟在人類附近，吃人類剩下的食物。

愈來愈瞭解人類之後，也就開始對人類愈來愈友善、距離愈來愈近，最後成為人類遊群當中有用的成員。

俗話說得好，狗是人類最好的朋友！

一開始，狗是用來防衛的。

當然也會用來打獵……

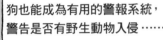

狗也能成為有用的警報系統，警告是否有野生動物入侵……

…… 又或是有外人入侵。

琪琪，是我啦，我只是想去上個廁所……

經過一代又一代，人狗之間的關係發展得愈來愈緊密。有些狗懂得迎合人的需求，就能得到寵愛。也有些狗比較不聽話……

布魯托，坐下！

狗就這樣慢慢學習，愈來愈瞭解人類。

而且也學會怎樣操縱人類……

野生動物是

在狗之後，還有更多動物被人類馴化。

只不過，這次是由人類主動出擊……

就跟馴化小麥的情況一樣，動物馴化也是一個漫長的過程。人類遊群世世代代追逐野生綿羊，才逐漸使羊群的組成有所改變。

這個馴化過程，可能是從選擇性狩獵開始的。人類發現了對自己有利的獵殺方式，就是只獵殺成年公羊或老羊病羊……

……放過小羊和能夠生育的母羊，以確保當地的羊群能長久不虞匱乏。

馴化的第二階段，可能就是保護羊群，以防敵對的人類遊群或其他掠食者的侵擾。

怎麼馴化的？

然後在某個時間點，人類可能開始把羊群趕到狹窄的
峽谷裡，更便於看守。接著他們就更仔細的挑選想要
宰殺的對象。

最先宰掉的，會是最具攻擊性、
不想被人類控制的公羊。

接下來宰的，就是最沒肉、
最愛冒險的母羊。

畢竟，牧羊人可不喜歡綿羊亂跑。就這樣一代又一代，
綿羊愈變愈胖，也愈來愈溫馴，愈來愈沒有好奇心。

經過許多耐心與無數代
的努力，結果就是……

為何要馴化動物？

養動物對人類來說，有種種用處。
首先當然是食物的來源……

蛋

肉

奶

也可以提供各種原物料……

……以及提供畜力，開始在各種任務當中取代人力。

動物的飼養變得非常重要，於是某些地方出現了新型的社會，
這種社會幾乎可說是靠剝削動物建構而成的……

……也就是牧民部落。

從何處開始馴化？

大約一萬年前，人類開始在一些偏遠地區馴養綿羊、山羊、豬、牛和雞。

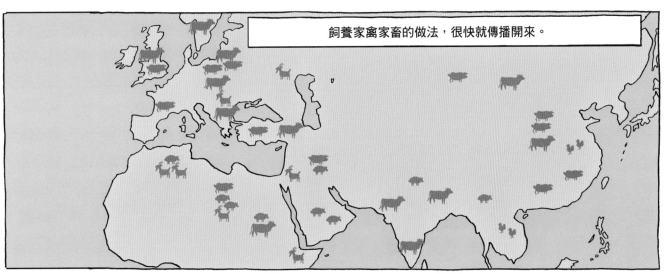

飼養家禽家畜的做法，很快就傳播開來。

今天，全球有將近五十億頭的牛、豬、綿羊和山羊，還有超過兩百億隻雞。牠們無所不在！

《商業日報》
雞 —— 難以置信的成功故事！

鳥類之光！
一鳴驚人的
物種勝利組！

專題報導請見本報第4頁至第12頁

我的三大成功祕訣？

不入雞巢，焉得雞卵！

一蛋在手，勝過兩雞在林！

還有當然，別把所有雞蛋都放在一個籃子裡！

原雞公司的執行長雄雞先生，讓眾人跌破眼鏡，意氣風發贏下大獎！

著名經濟學家米爾頓‧金山向本報表示：

這太了不起了！他在農業革命只投資了幾千個雞蛋，但現在的蛋數已經超過五百億個！

如果我們從DNA複本的數量來看，只會有一種結論：馴養的雞是史上最成功的鳥類！

巴菲特可得小心了！

米爾頓‧金山，演化大獎評審團成員。

雞搶下第一名的寶座，並且遙遙領先後面的對手，依序是豬、綿羊、牛……

一點沒錯！這些其他物種也讓評審團印象深刻！

牠們是全球分布最廣泛的大型哺乳動物！

但當然，第一名是我們智人！

但社會是這樣子的：有些人看到別人成功，就會分外眼紅……

他們總是愛說大難臨頭了。現在就讓我們來訪問其中一位。

沒有錯，我們請到的就是鼎鼎大名的「憂心忡忡先生」！哎呀，我是說，哈拉瑞教授！

教授您好。

呃…… 嗨……

哈拉瑞教授，您為什麼就是不肯為雞的成功感到高興呢？

因為你們判斷成功的標準太不合理了。

你們都只看 DNA 複本的數量，卻沒考慮個體感受到的是痛苦還是快樂。

這些可憐的雞，可以說是史上最悲慘的生物。我個人可不會說這是什麼成功的故事！

您這樣不就是拒絕看到好的一面嗎？

哪裡有好的一面！你看看這些可憐的馴養動物能活多久？雞通常活不過八週，牛則是一兩年後就被屠宰。

但是到了野外，雞和牛的預期壽命高達十年和二十五年……

活個八週剛好啊，不是嗎？

從經濟學的角度來看，那正是宰殺的最適年齡……

要是一隻雞兩個月就能長到最大體重了，為什麼還要養到十年？這才叫不合理吧！

股東肯定不會接受的！

聽著，動物的馴養方式非常殘忍無道，而且每過一個世紀，只會愈發殘酷。

古代農場狀況有多糟糕，現代農場只會有過之而無不及。

在一些超現代的工業化養牛場裡，小牛一出生就得和媽媽分開，每隻小牛各自關在一只僅能容身的籠子裡……

牠們這輩子就只能待在裡面！永遠沒有機會出來……永遠沒有機會和其他小牛一起奔跑玩耍！

當然不行啊！要是放牠們出來，小牛的肌肉會變結實，顧客就會抱怨牛排不夠嫩！

這些小牛唯有一次機會可以走走路、伸展肌肉、和其他同伴相處，那就是走去屠宰場的路上！

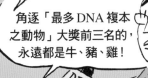

可是教授，從演化來看，牛也是史上數一數二成功的物種勝利組喔。

角逐「最多 DNA 複本之動物」大獎前三名的，永遠都是牛、豬、雞！

你說得沒錯，但如果今天角逐的是「史上最慘之動物」大獎，前三名也會是牛、豬、雞！

答得好啊,
哈拉瑞!

但有些人就是不懂……

很悲哀,但確實如此:人類把牛、馬、驢和駱駝變成溫順的
役用動物時,造成了許多改變,
不僅破壞了這些動物的自然本能
與社交連結,壓抑了這些動物的
攻擊本能與性本能,也大大限制
了牠們的行動自由……

農民開始有系統的圈養動物,用各種籠頭、輓具和繩索控制
牠們,用鞭子和趕牛刺棒來教訓牠們,甚至還會用各種手法
把牠們弄殘,像是割掉角、割掉耳朵,睪丸更是不會放過。

馴養動物的過程幾乎少不了去勢,
這能夠減少雄性的攻擊性,
也讓人類得以完全控制畜群內的生育繁殖。

在全球各地的傳統社會裡,人類富不富有,看的是擁有
多少動物。像在新幾內亞,豬就是主要資產。

在新幾內亞北部,農民為了不讓豬逃跑,
會把豬鼻子切掉一部分,每次豬想用鼻子聞什麼,
都會引發劇烈的疼痛。

豬是靠著嗅覺來找路或覓食,
所以鼻子殘廢後,牠就不得不完全依賴
人類主人。

在新幾內亞還有
另一個地方,農民則是
把豬的眼睛挖出來,
讓牠看不到自己
能去哪。

女士,您點的
杏仁奶昔……

謝謝!

酪農業也有自己的一套方法，逼迫動物滿足他們的需求。乳牛、山羊和綿羊只有在產下後代之後，才會產乳……而產出來的乳本來是要給小牛小羊喝的，不是給人喝的。

農民首先要確定母牛母羊懷孕了，接著在小牛小羊出生之後，立刻把牠們帶走。農民會擠光母牛母羊所有的奶，還會趕緊讓牠們再次懷孕。

人工授精是最普遍的做法。在許多現代化的乳牛場裡，乳牛大約會活上五年，接著被宰殺。在這五年內，乳牛幾乎都處在懷孕的狀態，而且生了小牛之後，大約六十天到一百二十天，就會再做人工授精，好確保能有最大的產乳量。

至於小牛，被帶離媽媽身邊之後，
小母牛會被養大，成為下一代的乳牛……

……而小公牛呢，
就交到肉牛業的手上。

整個酪農業的建立，
打破了哺乳動物最基本的關係：
母親和子女的關係。
我身為生物學家，
覺得這種做法殘酷到無以名狀。

事實上，從生物學家的觀點來看，
我覺得酪農業不但殘酷，而且不合常理。

人類喝牛奶做什麼？
狼從來不會喝羊奶，老虎也不會喝象奶，
對吧？

尼安德塔人和遠古智人
也不會去喝其他動物的奶。
人類嬰兒靠母乳哺養，但等到斷乳之後，
就不再需要喝奶了。

如果我們跟狩獵採集者祖先提議，
要他們找頭野牛，擠牠的奶喝，
他們一定會說這種想法簡直荒誕不經、
令人作嘔。

再說，我們的消化系統根本還來不及適應。
所以才會有那麼多人一喝牛奶，
身體就出毛病。

與動物馴養相關的種種一切，
都讓我渾身不自在。

只不過，馴養你是很不錯啦，我的小琪琪。

還有你，你也過得不錯，對吧？

100%純羊毛毛衣

也有其他動物算是幸運。像是用來產毛的綿羊，往往可以一輩子待在開闊的牧場上吃草。

有些馬也很幸運。

100%純羊毛毛衣

哈拉瑞、小柔，還記不記得我們上次去逛倫敦大英博物館，那裡有一座羅馬皇帝卡利古拉騎著愛駒「神速」的雕像。卡利古拉非常愛那匹馬，甚至曾經打算讓牠當個執政官。

亞歷山大大帝建立布西發拉城也是為了紀念他那匹很有名氣的愛馬「布西發拉斯」。

59

1783年9月19日，由蒙格菲兄弟設計的熱氣球「勒維烈」，在凡爾賽花園首次飛上天空，讓國王路易十六和王后瑪麗·安東尼十分開心。飛天旅行的時代來臨了！

大家擔心飛天旅行可能對身體有害，所以決定先用動物來測試。

最早的一批乘客是一隻雞、一隻鴨，還有一頭綿羊。

我們給這頭羊取了個小名「飛哥」。女士，您說是不是取得真好？

嗯……確實，沒錯沒錯。

哦哦哦！

哇哇哇！

熱氣球飛了大約十分鐘。

等它降落到三公里外後，大家發現：那頭羊正開心的嚼著熱氣球吊籃底部的稻草。

讚頌上主！安然無恙！

與此同時，雞和鴨則是在角落縮成一團。

據報，這頭飛上天的史上第一羊，最後由王后收養，在她的私人動物園裡過著養尊處優的生活。

歷史上，牧羊人和農民
似乎都深愛著自己的動物，
照顧得無微不至……

也就難怪國王和先知會自稱為牧羊人

大衛王

……把自己和神祇對人民的照顧，
比喻為牧羊人和羊群之間的關係……

耶穌

但如果我們轉換角度，
不是從牧羊人的角度、而是從羊群的角度來看，
就會發現：對絕大多數的馴養動物來說，
農業革命絕對是一場天大的災禍。

單看牠們的DNA複本數量
多寡，就判定牠們是演化的
「勝利組」，實在太荒謬了。

看看現在的野生黑犀牛，雖然數量
已不到六千隻了，但比起幾百萬頭
飼養在產業化牛肉場裡的小牛，
這些活在非洲大草原上的犀牛，
應該是快樂似神仙……

乳牛成為統計數據上的物種勝利組，
對任何一隻小牛來說，都無法帶來安慰……

演化上的「成功」與個體苦難之間，
存在著重大的落差，這或許就是我們可以從
農業革命學到最重要的一課。

若我們看的是小麥、玉米
等植物，這個純粹的演化
評判標準還算合理。

但如果要談的是牛、雞和
智人（都是具有複雜感受
與情感的動物），就得再
好好想想，演化上的成功
是否能讓每個個體
感同身受。

究竟是優是劣，
不能從數字來看，
而是從幸福與否來看。

61

第 *6* 章

想像建構的秩序

68

69

71

72

73

75

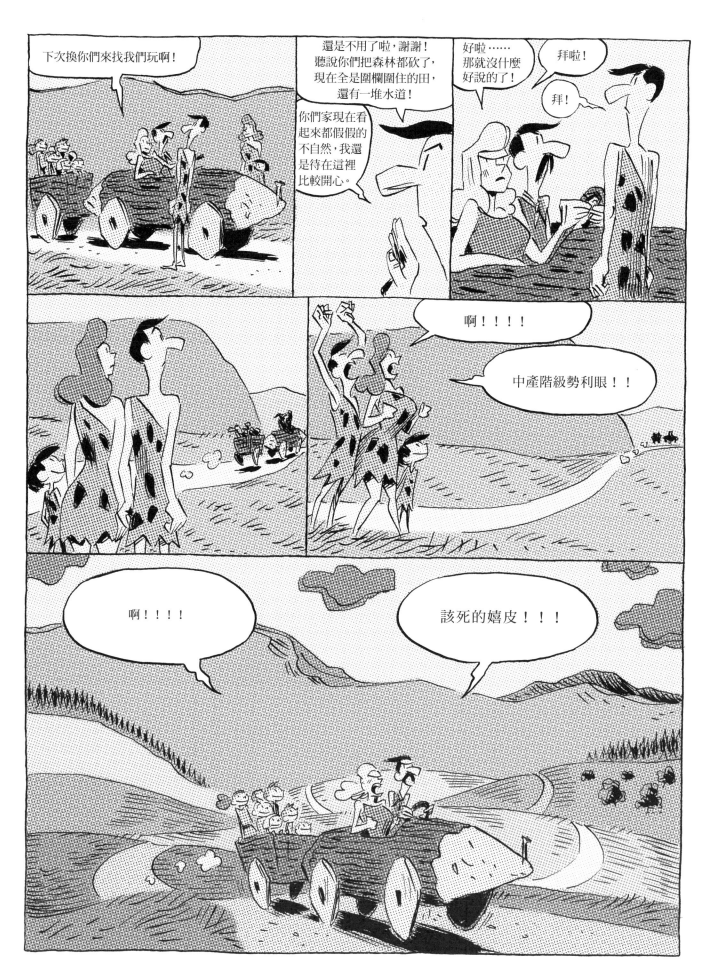

76

哈!哈!哈!這兩家人的生活方式完全相反……

可以想像他們為什麼這麼不合……

到現在,大家還是對農業革命有不同的看法。

有些人認為人類因此走上繁榮與進步……也有人覺得是通往了萬劫不復的地獄……

堂弟,你太跟不上時代了!

比爾,傳統才好!

嗯,不論究竟是好是壞,農業革命已經無法逆轉。

而且還改變了一切。例如私有財產,或許就是農業革命時期出現的概念。

狩獵採集者擁有的東西不多。只有一些工具和衣服勉強稱得上是財產……

但不會有人說自己擁有某片土地。遊群的所有人,都能在共同的土地自由來去。

也沒有人擁有任何動植物。要說某人擁有無花果樹或擁有牛群,會是很荒謬的想法。一個生命怎麼可能擁有另一個生命?

獅子不會擁有斑馬。跳蚤不會擁有狗。那為什麼我們會認為人類擁有牛呢?

是農業改變了這一切。農夫辛苦種麥、養羊,也就開始把這些視為自己的私有財產。

而等到人類開始擁有羊,他們也就想到可以擁有人,形成了奴隸制……

後來,男性也想到自己可以擁有女性……

創造出私有財產的概念之後，
智人也愈來愈有自私的傾向……

對時間的概念也變了。
有了農業之後，人人都在擔心未來。
農民總怕雨下得不夠……

……或下得太多……

還擔心其他許多可能發生的
災害……

這一切壓力造成了深遠的影響，
可說是大規模政治和社會制度的基礎。

焦慮和憂心，
正是建立國家的基石。

遺憾的是，雖然農民總累得半死，
卻幾乎從未得到他們渴望的經濟安全。

統治者和精英階級在各地湧現，享受著
農民生產的糧食盈餘，卻只留給農民
勉強能餬口的食物。

幾千年來，統治者採用的都是這套剝削方程式：
「稅＝所有食物－勉強夠吃的量」。也就是說，無論農民能夠
生產多少，國家都只會留下讓他們勉強足以過活的量。

這些遭沒收的糧食盈餘，推動了政治、戰事、藝術和哲學的發展，用於興建宮殿、堡壘、紀念碑與廟宇。

在現代之前，絕大多數人還是每天在田裡勞動。

他們生產出的餘糧，養活了一小群精英份子。這些人占的比例不高，卻成了我們歷史書上的主角。

國王、官員、軍人、神職人員、藝術家、思想家……這些人不用在田裡工作，是因為有其他人為他們代勞。

在那些極少數人締造歷史的時候，其他人都得忙著犁田、挑水。

有了更多的糧食盈餘、新的輸運方式，也就讓同一塊土地能夠塞進愈來愈多人。

智人可以開始蓋起小鎮、甚至城市。

而城市聯合起來，就成了王國與貿易網路。

但是，五穀豐登、運輸通達，尚不足以建城立國。

是先師孔子！太榮幸了……

縱使舉國百萬子民皆能有養，能否和睦無間，尚未可知。

眾民齊聚，必生歧見，衝突難免……

……土地水源何以分配，乾旱戰亂又當何如……

若協議難成，則爭端益烈……縱然糧倉滿盈，亦無濟於事……

治世之大哉問，非「何以養百萬人」，乃「何以使百萬人對凡事達成共識」也。

史上大多數的戰爭與革命，並不是因為糧食短缺而引起。

Bonjour, Messieurs!

帶頭掀起法國大革命的，並不是飢餓的農民，而是有錢的律師。

羅伯斯比爾　丹頓　德穆蘭

兩千多年前……

羅馬共和國達到鼎盛，統治了整個地中海，給羅馬人帶來祖先做夢也想不到的繁榮。

但正是在這個最富裕的時刻，羅馬的政治秩序瓦解，爆發一系列血腥內戰。

嘿！哎呀呀，你看！凱撒越過盧比孔河！

嗯……看起來是沒有回頭路了……

在好幾百萬年的演化過程中，人類的組成都只是幾十個人的小遊群。開始有了農業以後，短短幾千年就建立出龐大的王國與帝國。人類根本沒有時間演化出新的本能，來進行大規模合作。

還用那個老東西鋤地？你不知道 6.2 專業版都出了嗎？

一切都太快了，人類發展得太快了。才幾千年，我們的生物機能還來不及演化適應。所以人類不像是螞蟻，並沒有進行大規模合作的本能。

先師，感謝您發人深省的精闢意見。

雖然人類沒有「大規模合作的本能」，但早在石器時代，便靠著共同的神話故事，讓數百個狩獵採集者彼此合作。

只不過，當時的合作仍然很鬆散、很有限。

各個狩獵採集遊群仍然是各自獨立生活，各自滿足自己的生活需求。

約兩萬年前……

石器時代的賢者，並無法得知農業革命之後的發展，所以可能會輕易認為神話故事的影響力相當有限……

虛構博士，那些神靈啊、圖騰的故事，根本沒你說的那麼有效嘛！

怎麼會？你們的神話故事不是確確實實的讓你們合作了嗎？我就看到很多智人在用貝殼交易、慶祝節日，還有攜手對抗尼安德塔人……

有時候，你們還聚了好幾百人耶！

可能是啦，但最多也就這樣啊！

神話故事不可能讓好幾百萬人平時聚在一起合作的啦！

那你可錯了！神話故事比你想像的更強大！

因為有神話故事，未來的人類將建立起超乎想像的大規模合作網路。他們不過花了一萬兩千年，就會從大約一千人的部落，發展為八十億人的全球貿易網路。

這些未來人，長得還是我們這樣子嗎？

當然！就生物學來說，什麼都沒變。

但只要你們開始發明故事、創造出偉大神明和天選之人，你們就已經準備好，要建立龐大的城市與帝國……

建立民族國家……

甚至還有股份公司……

她說的可一點也沒錯！老夫可以做證！

好吧，這些未來的龐大網路，聽起來還不錯。我最近正想去一趟年度靈修旅行……能不能去參觀一下？

你想找個地方度假？

來得正好！最新的「奇想之旅」套裝行程剛剛上市！

奇想之旅 ——

最適合薩滿巫師、巫醫、

📍 耶利哥綠洲覽勝

- 10,000 年前
- 1,000 名居民
- 1 座小廟

▶ 幫忙收割第一批收成！
▶ 體驗當地的山羊獻祭！

現正特價中

📍 加泰土丘城鎮風光

你夢想的安那托利亞！

- 9,000 年前
- 5,000 名居民
- 63 座祭壇

▶ 不容錯過的春季公牛節！
▶ 獻祭公牛，讓你好運滿滿！
▶ 參拜偉大的母神！
▶ 輕鬆盡享新石器奢華！

大力推薦！

想永生不死？
問我就對了！

📍 美索不達米亞文化探訪

保證樂翻天！

- 5,000 年前
- 100,000 人以上的王國數個

▶ 參觀冥界神廟，參拜深水與魔法之神恩基！
▶ 讓伊絲塔女神教你愛、性…… 還有戰爭！
▶ 讓你親身體驗吉爾伽美什永生計畫™，只需要 12 個步驟！

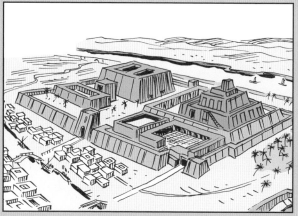

絕對讓你大開眼界！

德魯伊⋯⋯與律師

📍 尼爾河谷城市巡禮

- 4,500 年前
- 100 萬名居民 ⋯⋯
- ⋯⋯ 都由一位法老統治！

▶ 讓有著胡狼頭的死神阿努比斯，
　秤秤看羽毛和你的靈魂哪個比較重！
▶ 在當地 APA 中心，把自己做成木乃伊！
▶ 暢遊金字塔！

大特價！　　**已售完！**

**頂級全包式
旅遊行程**

📍 秦朝風情畫
讓你身歷「秦」境！

- 2,200 年前
- 4,000 萬人民

▶ 高達 10 萬士兵列隊的閱兵遊行！
▶ 天子殿堂的精采儀式，包準目眩神迷！
▶ 加入知名的兵馬俑行列！
▶ 放下武裝！別再抵抗！

📍 羅馬帝國知性之旅
一場羅馬盛宴

- 2,000 年前
- 5,000 萬人民

▶ 參觀競技場，欣賞難忘的表演！
▶ 在農神節恣意狂歡！
▶ 跟隨獲獎導遊維吉爾，遊覽地獄景色！
▶ 在羅馬曆 3 月 15 日前預訂，就有機會得到大獎，
　參訪元老院，聆聽西塞羅的系列講座！

最划算的行程

免責聲明：對於推薦地點產生的任何戰爭、種族屠殺、奴隸制度、大規模剝削，
奇想之旅公司概不負責。在本傳單製作期間，可能有數百萬人遭到傷害。

天啊！我還真不知道，靠著講神話故事，就能創造出這麼龐大的合作網路！真了不起！

咦，這些小字是寫什麼？

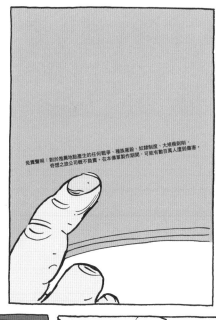

免責聲明：對於推薦地點產生的任何戰爭、種族屠殺、奴隸制度、大規模剝削，奇想之旅公司概不負責。在本傳單製作期間，可能有數百萬人遭到傷害。

「合作」這個詞，可能聽起來既理想又美好，但其實不見得人人都是自願的⋯⋯而且幾乎從來都不公平。

人類的合作網路，多半都是靠壓迫和剝削來達成。

羅馬不是有許多著名的競技場嗎？很多都是奴隸蓋的。

蓋了幹嘛？還不是因為羅馬的有錢人太無聊，想看奴隸在殘酷的競技場上互相搏命鬥毆，藉以取樂。

就連監獄和集中營其實也是合作網路，懂嗎？這些機構要能運作，只能靠成千上萬互不相識的人互相協調。

這樣啊，呃，那要不要去這趟旅行我可能得再想一下⋯⋯

或許我還是去採採蘑菇就好，謝啦。

沒問題！你開心就好！

巴比倫……　秦帝國……　還有羅馬帝國……

都是建立在虛構的故事之上，都只是「由想像所建構的秩序」！

維繫這些帝國的社會規範，靠的不是本能……

不是彼此熟識……

……而是靠著相信共同的神話故事。

還記不記得我的朋友寶獅先生？還記不記得，我怎麼跟他解釋「公司」也是一套虛構故事？

博士，真巧啊？還真是條條大路通羅馬……

−1776　　+0　　+1776

王國、帝國，甚至現代國家也都一樣，一切都是基於虛構的神話故事。

這是關於歷史最難理解的一件事，但也是最重要的一件事。

所以，讓我們看一下史上幾個著名的虛構故事……《漢摩拉比法典》和〈美國獨立宣言〉……

西元前 1776 年……

這是巴比倫帝國,靠著征戰與外交,當時是全世界規模數一數二的國家。

而首都巴比倫也可能是當時全球最大的城市。

黑海

裏海

土耳其

地中海

敘利亞

底格里斯河

幼發拉底河

伊拉克

波斯灣

紅海

阿拉伯

巴比倫帝國統治了絕大部分的美索不達米亞。

當時的巴比倫國王是著名的漢摩拉比。

巴黎羅浮宮,今日。

漢摩拉比之所以有名,基本上就是因為以他命名的《漢摩拉比法典》。

上面列出了他所制定的律法和判例。

頒布這套法典的目的有三:為漢摩拉比歌功頌德;奠定整個巴比倫帝國法律體系的共同基礎……還有,教育子孫後代什麼是正義、正義的國王又如何行事!

後代子孫也確實非常認真看待這部法典。

美索不達米亞的知識份子和官僚精英將這部法典奉為圭臬,就算漢摩拉比早已過世、巴比倫帝國也已崩潰數百年,文士實習生仍繼續抄寫這套法典。

這些美索不達米亞人民顯然認為，這套法典是理想社會秩序的範本。

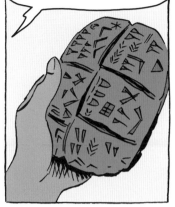
法典一開頭就說，安努神、恩利爾神和馬杜克神，任命漢摩拉比「在這片土地上，伸張正義。」

漢摩拉比，汝應驅除不義罪惡，阻絕恃強凌弱！

聽憑尊便，必將照辦。

法典列了大約三百則判例，寫法都一樣。

「如果發生了X……

……判決為Y。」

糟糕，要口試了，我還沒背完！！

小朋友，可以請你唸出幾則嗎？

呃……好啊，沒問題。

那先唸判例196囉？

「若某個上等人使另一個上等人眼瞎，便應弄瞎他的眼。」

嗯……有意思。以眼還眼……

請繼續……

判例198：若某個上等人使某個平民眼瞎或骨折，他應賠償60舍客勒的銀子。

199：若某個上等人使某個上等人的奴隸眼瞎或骨折，他應賠償該奴隸身價的一半（以銀子支付）。

209：若某個上等人毆打一個上等女子、造成她流產，他應賠償她10舍客勒的銀子。

210：若該女子喪命，他們應殺了他的女兒。

211：若某個上等人毆打某個平民女子、造成她流產，他應賠償她5舍客勒的銀子。

真的假的？！請繼續……

212：若該女子喪命，他應賠償30舍客勒的銀子。

213：若他毆打某個上等人的女奴隸、造成她流產，他應賠償2舍客勒的銀子。

正義女神，你怎麼看？

在吾觀來……誠然公正合理。

214：若該女奴喪命，他應賠償20舍客勒的銀子。

我的老天！考官怎麼來了！

我要繼續唸嗎？

沒錯，請繼續。

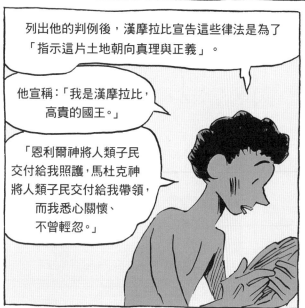

列出他的判例後，漢摩拉比宣告這些律法是為了「指示這片土地朝向真理與正義」。

他宣稱：「我是漢摩拉比，高貴的國王。」

「恩利爾神將人類子民交付給我照護，馬杜克神將人類子民交付給我帶領，而我悉心關懷、不曾輕忽。」

如此甚好，足以見得：巴比倫之社會秩序，乃由偉大神明所指示，根源於普世——非也，乃永恆之正義原則。

一整個對！

好，我們讀夠了。現在可不可以請你用自己的話，向我們介紹巴比倫司法的基本原則？

呃，好，當然沒問題！呃，嗯……首先，階級非常、非常重要。根據法典，人民分成兩種性別和三種階級。

上等人……

平民……

還有……想起來了！是奴隸！

不同階級和性別的人，會有不同的價值。女平民值……我想一下……值30舍客勒的銀子！

然後女奴隸值20舍客勒……

但如果是平民男性，光是一隻眼睛，就值60舍客勒的銀子。你知道的，畢竟是男人嘛。

這樣啊,那你說說,這個這麼重要的階級制度,適用對象是哪些人?

啊?所有人啊。你知道,我們的社會秩序真的很公平喔。沒人可以有例外!所以法庭有階級、市場有階級,就連臥室也有階級喔。

人民屬於國王。妻子屬於丈夫。孩子屬於父親。

等等,你說「孩子屬於父親」是在說什麼?!

漢摩拉比國王就是這麼寫的啊。我剛剛唸的這條就很清楚了:若某個上等人殺了另一位上等女子,殺人者的女兒將受處決,以做懲罰。

兇手本人沒有受到任何傷殘,而是他無辜的女兒被殺,這不奇怪嗎?你怎麼看?

呃⋯⋯不會啊,這不是很正常嗎⋯⋯我是說,這個兇手讓另一個男性的財產受損了啊。所以,把兇手的財產毀掉,做為懲罰,這不是很公平嗎?

拜託,這種陷阱題我才不會上當!

呵呵!虛構博士,此位年輕學子確實深諳巴比倫正義!

恭喜,年輕人。說理清晰,值得讚賞!

就這樣囉?那我過了嗎?

太棒了!!

若漢摩拉比國王之子民均願接受其階級地位,各在其位戮力發揮,依吾觀之,王國百萬子民確可合作無間。

茲此,社會物資得以有效分配,廣披各方子民。

另可抵禦外敵侵擾,國土延伸四方,更為富強,益得安穩。

虛構博士，汝欲何往？

費城！我想把《漢摩拉比法典》拿來和〈美國獨立宣言〉比比看……

你看，漢摩拉比去世三千五百年後，又出現另一套正義原則……

西元 1776 年，北美十三個英國殖民地的居民，認為英國國王對待他們不公。

各殖民地代表來到這裡會面，而這棟建築後來也就稱為「獨立廳」。

不好意思……你們是來參加漫博會的嗎？

呃……不算啦，不是！

乞蒙見恕……

那天是1776年7月4日。

就在這天，各殖民地決定：我們受夠了當英國王室的子民了。

他們寫下〈獨立宣言〉，宣告自己的一套普世永恆的正義原則。

且正如往昔之漢摩拉比，美國人民亦認定，此番普世原則出於某至高權柄。

確實如此，但這位「美國神」所指示的至高原則，卻好像和巴比倫那時候不太一樣。

親愛的亞當斯，你能把這些條文再讀一次嗎？

咳咳……當然，傑佛遜先生。「我們認為下面這些真理是不言而喻的：人人生而平等，造物者賦予他們若干不可剝奪的權利，

其中包括生命權、自由權和追求幸福的權利。」

善哉此言！一如《漢摩拉比法典》，此美國建國文件許下承諾，數百萬人民將得以合作無間，共享安全繁榮，社會和平公正。

是啦，可是，呃……要他們真能遵守這些神聖的普世原則才行……

誠然，此事不易！實需後代子孫賡續遵行。

一點沒錯！這點也和《漢摩拉比法典》一樣……

到了二十一世紀，美國學童也得抄寫〈獨立宣言〉，把它背得滾瓜爛熟。

這兩人是誰？

你認識他們嗎？

不認識，我們不是說好，只能有我們五個人嗎？而且我們還規定「僅限白人男性」。

嗨，各位先生，抱歉打擾你們最後的討論。

沒關係，我們已經談完了！

我們想指出的一點是：你們剛剛起草的〈獨立宣言〉主張，和過去的《漢摩拉比法典》都聲稱自己講的是普世永恆的公平正義原則。

然在吾觀來，兩者相互矛盾。

你們說的是什麼意思？請解釋一下。

這個嘛，你看……

汝等以為，世間人人平等，是耶非耶？

當然是這樣！

然，巴比倫人所見不同。

當然啊！比起古代異教徒寫出來的痴言妄語，我們的宣言當然更公正、更合理！

漢摩拉比國王必不作此想，必認定汝等言稱人人平等，實遭誤導所致！

這什麼鬼話！一看就知道，我們當然是對的！

真言逆耳，然漢摩拉比國王與汝等所撰，均出於各自想像……

國王所想，乃世界以階級統治。汝等所想，乃世界以平等統治。

而你們所謂的普世原則，也只存在於你們豐富的想像裡，以及你們發明並互相訴說的虛構故事裡。

嗟乎，此番原則實與普世之物理暨生物定律相去甚遠。

你們到底在講什麼？是想讓我們以為人人平等是個神話嗎？

在吾觀來，事實如此！一切僅存於人類想像之中！

然而，「人人平等」這句話，是個科學真理吧？

要講科學，就來講科學！跟著我們，我們來問問她！

讓我們來仔細瞧瞧這份宣言……

我們認為

下面這些真理是不言而喻的：

人人生而平等，

造物者賦予他們

若干不可剝奪的權利，

其中包括生命權、

自由權、和追求幸福的權利。

我會刪掉這句……

我們認為

~~下面這些真理是不言而喻的：~~

人人生而平等，

造物者賦予他們

若干不可剝奪的權利，

其中包括生命權、

自由權、和追求幸福的權利。

並且改成這樣……

我們認為

~~下面這些真理是不言而喻的：~~

現有證據證實以下真理：

人人~~生而~~ **演化** 平等，

~~造物者~~ 賦予他們

若干不可剝奪的權利，

其中包括生命權、

自由權、和追求幸福的權利。

你這是什麼意思？是上帝創造了人！

非也非也，最新生物學證實，人類非任何神靈所「創」，實則演化所致……

我們認為

~~下面這些真理是不言而喻的：~~

現有證據證實以下真理：

人人~~生而演化平等~~各有不同，

~~造物者~~ 賦予他們

若干不可剝奪的權利，

其中包括生命權、

自由權、和追求幸福的權利。

說得很正確，謝謝您，正義女神！另外我也要改掉這幾個字，因為演化就是基於有所不同……

這是瀆神！奉聖潔之名，人人都有一個由上帝創造的靈魂，所有靈魂在上帝眼裡都是平等的！

你會認為人人平等，是因為你，也就是現代美國人，都相信基督教那套關於創世、靈魂永恆的神話故事。

這些不是神話故事！是不證自明的真理！是因為上帝造人，讓人人平等！

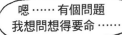

嗯……有個問題
我想問想得要命……

你說的「人人」，
包括黑人和女性嗎？

但這點我們之後再談好了。
現在先繼續聽薩拉絲瓦蒂教授
的講解。

謝謝您，
博士。

生物學研究顯示，每個個體的
基因密碼都有些微不同，而且
從出生那一刻起，每個個體都
會受到環境的不同影響。

這一切會讓我們各自
發展出不同的特徵，變得
更容易生存或更難生存。

像是有個有名的故事，講的是
長頸鹿的脖子，你們聽過嗎？

沒……

這樣啊
……

虛構博士，
麻煩開燈投影。

長頸鹿愛吃金合歡屬植物的葉子，
而這類樹木通常長得很高，所以長頸鹿
脖子愈長、存活機會愈大。

經過幾千個世代，脖子最長的長頸鹿不斷和其他
長脖子的長頸鹿交配，於是這個物種逐漸演化出
比非洲大草原其他動物都更長的脖子。

所以，「生而平等」其實該是「演化各有不同」。

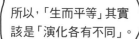

再講到這裡的「生」，雖然英文寫 created（被創造出來的），但生物學並不認為有個「造物者」會「賦予」人任何東西……

……所以，「造物者賦予他們」應該要改為「出生就具有」。

演化並沒有特定目的，只是一個盲目的過程，帶來不同個體的誕生。

我們認為
~~下面這些真理是不言而喻的：~~
現有證據證實以下真理：
人人 ~~生而~~ 演化 ~~平等~~ 各有不同，
~~造物者賦予他們~~ 出生就具有
若干不可剝奪的權利，
其中包括生命權、
自由權、和追求幸福的權利。

我們認為
~~下面這些真理是不言而喻的：~~
現有證據證實以下真理：
人人 ~~生而~~ 演化 ~~平等~~ 各有不同，
~~造物者賦予他們~~ 出生就具有
~~若干不可剝奪的權利，~~
某些可突變的特徵，
其中包括生命權、
自由權、和追求幸福的權利。

以此觀之，生物學不存在「權利」此等概念。

確實沒有，只有各種器官、能力和特徵！

鳥會飛，並不是因為有什麼「飛的權利」，而是因為有翅膀。

而且，這些器官、能力與特徵，也沒有什麼「不可剝奪」的問題。

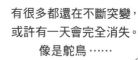

有很多都還在不斷突變，或許有一天會完全消失。像是鴕鳥……

……就是一種失去了飛行能力的鳥類。

各位先生，如果這是生物學論文作業，各位可是會被當掉的。

就算您說服我們，人人在生物學上並非平等，我們還是必須相信，人人在本質上仍然平等。

您知道，我們必須打贏這場仗，建立這個國家。

您認為，您那份宣言能讓人奮勇起身、對抗英國軍隊嗎？

女士，謝謝您的解釋，但我們無意更改宣言。

只有在這個前提之下，我們才能建立一個穩定繁榮的社會。

能讓人願意繳稅給聯邦政府嗎？

我這份宣言，雖然在科學上不準確，但只要大家都相信，就能創造出更美好的世界！

各位先生，戰爭和稅收實在不是我的專長。就請各位別在意，不論你們愛怎麼想像，只要能讓你們的社會維持秩序就行⋯⋯

我們都會相信某些想像出來的秩序。但並不是因為這是客觀事實，差得可遠了。而是因為這種相信有助於人類合作、讓社會維持得更好。

所以我們才會說這是「由想像所建構的秩序」嘛。

然則仍需提醒：若諸君日後有意再次起草，期許同邀女性貢獻慧知。

可是，說人權和恐怖的《漢摩拉比法典》一樣，都只是虛構的故事，這也太誇張了吧？

小柔啊，我們會覺得很誇張，是因為這是「我們相信的」故事啊。如果換作是巴比倫人，看到你對他們的神聖法典是這種態度，應該也會覺得很誇張吧。

嗯，說得也是……

法國作家伏爾泰，就給這個問題下了一個巧妙的結論。
他說：「或許世界並不存在神，但可別告訴我的僕人，否則他可能會偷我的東西。」

同樣的，漢摩拉比講到他的階級原則，傑佛遜講到人權，還有美國聯準會主席講到美元時，他們都會作如此想。

智人其實並沒有什麼天賦人權。跟那隻松鼠沒有差別……

自然的秩序是很穩定的，不會改變。像重力就是一種自然秩序，不管我們信不信，都不會有所改變。

松果也一樣，不管我們信不信，都富含營養。但是美元的話……

好啦，我懂了！只要是想像建構出來的秩序，都是不穩定的！

那舅舅，我們可以去吃冰淇淋嗎？

所有由想像建構出來的秩序，不管講的是人權、或是美元鈔票，如果只是一個人不相信還沒關係。

小姐，你是想要我相信這張破紙值什麼錢嗎？

只要還有足夠的其他人相信，就行了。

但想像一下，如果所有櫃員和商店經理突然都不相信「錢」的概念了，情況會怎樣……

如果每個人都不再相信，一切就會崩潰！

不可能發生這麼誇張的事吧？

事實上，還真發生過，而且比大家認為的更頻繁……

1946 年，匈牙利的通貨膨脹率達到百分之 4.19 京（10^{16}）。價格每十五小時就會翻倍！

歷史頻道

1945 年至 1946 年：惡性通貨膨脹！！！

有個笑話是說，當時大家寧願搭巴士也不想坐計程車，原因就在於搭巴士是上車付款，但搭計程車是下車才付……

這種事情在哪裡都可能發生。
完全就看大家是否相信由想像所建構的秩序。

頭條快報！

自從新冠肺炎危機以來，美國聯準會已經印了幾兆美元的鈔票！

難怪智人會這麼努力，維持他們用想像建構出的秩序。

正是如此。想像所建構的秩序，一直有崩潰的風險。

不論如何，明天一早醒來，重力一定還是會存在。但人權和美元⋯⋯誰知道呢？⋯⋯

向錢說不！

拒用鈔票和硬幣！

以物易物！

維護想像所建構的秩序，並沒有結束的一天。而且常常需要採取暴力手段。軍隊、警力、審訊與監獄都是24小時作業，逼迫人民遵守想像所建構的秩序。所以挺諷刺的，有時候連人權也得靠暴力來保護。

而且這種情況已經有幾千年不變了。古代的巴比倫人把鄰居的眼睛弄瞎了，就要訴諸暴力，執行「以眼還眼」的律法。

而在 1860 年，雖然大多數美國選民已經認定黑奴也是人、應該享有自由的權利，卻還是得靠著血流無數的內戰，才讓南部各州不得不接受。

然而，光靠暴力與脅迫，還不足以維持由想像所建構出的秩序。有些人必須是真心相信這套秩序才行⋯⋯

包括軍人、警察、法官與政治人物⋯⋯

如果想讓這些精英份子攜手合作，就必須讓他們有共同相信的東西。

那會是什麼呢？是神、錢⋯⋯

是啊，或者也可以是榮譽感、男子氣概、愛國心⋯⋯

那如果站在最頂端的人什麼都不相信呢？如果領導整個社會的人就是什麼都要質疑，那會怎樣？

這種事很少發生。
真正什麼都不相信的人，並不會把權力或財富看在眼裡，也就根本不會想登上高位。

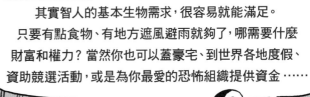

其實智人的基本生物需求，很容易就能滿足。
只要有點食物、有地方遮風避雨就夠了，哪需要什麼財富和權力？當然你也可以蓋豪宅、到世界各地度假、資助競選活動，或是為你最愛的恐怖組織提供資金……

但是真正什麼都不信的人，就會覺得這些事都毫無意義。

這種什麼都不信的犬儒學派，是由希臘哲學家第歐根尼所創，而他光是住在一個桶子裡就很高興了。

亞歷山大大帝曾經來找他，說可以提供第歐根尼想要的任何東西。

第歐根尼，我能為你做什麼呢？

如果你可以往旁邊移一下，就太好了……你擋到我的陽光了。

能夠建起帝國的人，比較有可能是有真實信念的人，而不會是什麼都不信的人。

105

第二······

想像所建構出的秩序，需要從小到大，一再教育。從搖籃到墳墓都不容輕忽！

小柔

關於想像出的秩序，從很小的時候，就要把原則灌輸到我們的腦海裡。

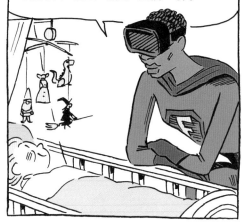

像是小柔，她和幾百萬個同一世代的人一樣，透過教育，學會要相信自由與平等的價值。教育他們的管道包括童話故事、電視節目、繪畫、歌曲、禮儀、時尚······

甚至是建築······把想像秩序整合到物質世界，也是超級重要的。

看看小柔的臥室······這符合西方世界當代最重要的一項信念：個人主義。也就是相信每個人都是獨特的個體，各有自己的欲望與意見。

現代房屋常常會把「個人主義」這種抽象概念化為具體現實。舉例來說，在小柔長大的這間房子裡，有幾間獨立的臥室。她的哥哥姊姊也各有自己的私人空間。

馬克斯

小柔

這些私人空間可以保護小孩，不受他人權力的侵擾；甚至是他們的父母也不例外！而且房間裡也能確保孩子有最大的自主權。

可以讓孩子養成個人的品味與觀點，孩子也就有了豐富的內心世界。

大膽！是誰竟敢沒通報，就闖進我的領土？！？

馬克斯

入侵者，不准再向前！

嗯！或許還是去看看姊姊的房間好了……

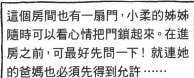

這個房間也有一扇門，小柔的姊姊隨時可以看心情把門鎖起來。在進房之前，可最好先問一下！就連她的爸媽也必須先得到允許……

莎拉

叩叩叩

這樣長大的孩子，肯定會認為自己是個「個體」。

大獲全勝

於是，個人主義的虛構故事，變成了具體的一磚一瓦，砌成一棟房子，房子分成幾個私有的個人空間，還有幾個像是客廳、廚房之類的共有空間。

這樣的格局不斷教導著孩子「私人」和「公共」的差別，讓他們明白每個人都有權過自己的私人生活，同時也告訴孩子，他們的真正價值來自於內心，而不是外在表象。

你必須完全忠於自我。
要是有人嘲笑你說的話或做的事，就別理他們，把門關上就好。
他們並不認識真正的你。

但以前可不總是這樣。

像是在中世紀的歐洲，當時並不相信個人主義，甚至也沒有隱私的概念。

人的地位高低，是看你在社會階層所處的位置，以及別人對你的評價。如果遭到訕笑，可說是最糟糕的事了。

很好，兒子！如果有人敢笑你，就算賠上性命，也得捍衛自己的榮譽！

就像是個人主義影響了現代建築，中世紀的價值體系也影響了城堡建築。

跟我來瞧瞧！

農民住的簡陋小屋，顯然不會有什麼隱私空間，但令人想不到的是，就算是有錢人的城堡，也很少為兒童準備個人的臥室。

仔細想想，其實是任何人都很少有自己的臥室。

你在當時絕對不會看到貴族這樣說……

大膽！是誰竟敢沒通報就進我的門！？

因為這位小少爺其實是睡在一個大房間裡，和一大堆兄弟姊妹、傭人與家僕同房。

他總是活在眾人的目光下，總是得注意別人的觀感和意見。

有這樣的童年，當然就不會相信什麼個人主義或隱私權。

大多數人永遠都不會承認，自己的生活都是遭到想像出的秩序所支配。但就讓我們把話說白吧：所有人都活在死人做的夢裡。這個世界就是由我們祖先所說的虛構故事所形塑，我們一出生就置身於這種想像之中，沒有人能真正逃脫。

就連所謂的個人欲望，也常常是由想像所建構出的秩序來決定。

例如，就讓我們看看是哪些虛構故事，決定了今日西方人會有哪些欲望。這些故事包括了……

浪漫主義……

民族主義……

資本主義……

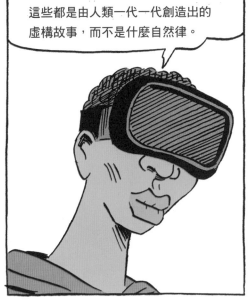

這些都是由人類一代一代創造出的虛構故事，而不是什麼自然律。

例子太多了，我們就挑一個講……浪漫消費主義，這個故事讓人願意花上大筆金錢，跑去某個遠方度假。

人類願意存下好幾個月的工資，就為了一次奢華假期，還認為這是再自然不過的事……

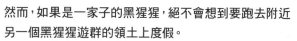

然而，如果是一家子的黑猩猩，絕不會想到要跑去附近另一個黑猩猩遊群的領土上度假。

人類度假，並不是要滿足什麼生物上的需求，而是受到一種文化的欲望所驅使，想追求所謂的「體驗」。

但他們都真心相信擁有這種欲望很正常，甚至認為追求這些「體驗」就是人類的本質。

他們之所以會這麼相信，都是因為消費主義和浪漫主義這兩套虛構故事的影響。

消費主義告訴我們，如果想要快樂，
就要盡量去消費、購買各種產品和服務。

要是我們覺得人生少了什麼、有什麼不太對，
很有可能就是該去買些什麼產品……

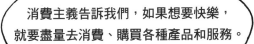

……或服務。

每則電視廣告都是一則小小的童話故事，
要讓我們相信，有了某個新產品或服務，
就會讓生活更美好。

另一方面，浪漫主義講求的是
感受、情緒與體驗。
浪漫主義告訴我們，人生要活得充實，
就要盡情去感受、盡情去體驗。
所以，浪漫主義和消費主義簡直是一拍即合。

浪漫主義想要追求體驗，消費主義當然願意配合
……付錢就行！於是兩者的結合產下一個私生子：
永無止境販售各種「體驗」的市場，
而這也成了現代旅遊業的基礎。

旅遊業真正賣的不是機票或飯店住房，而是「體驗」。
而且數十億人都掏錢掏得不亦樂乎！

所以,當一對夫妻發現兩人關係出了狀況,
他們會決定花掉存款去巴黎旅行。
這趟旅行反映的並不是什麼自主欲望,
而是對浪漫消費主義神話的堅定信仰。

一個富有的古埃及人遇上婚姻危機,再怎麼異想天開,
也不會認為把太太帶去巴比倫度假,就能解決問題。
他大概會選擇幫太太蓋一座她渴望已久的豪華陵墓。

大部分的現代文化中,人們就像古埃及的精英份子,多半
也是花了一輩子在蓋某種金字塔。只不過這些金字塔在
不同的文化就會有不同的名稱、形體和規模罷了。

要讓自己的欲望從這些想像所建構的秩序當中解放，會需要有超乎常人的力量……

而且就算我成功了，也只不過是我單獨一人而已。

若要真正改變由想像所建構的秩序，就得說服數百萬陌生人和我合作才行。

原因在於，由想像所建構的秩序並不是只存在於我個人的主觀想像。這是所謂「互為主體性」的現實：這種現實存在於成千上萬、甚至是百萬人共同的想像之中。

要瞭解這一點，就得解釋一下「客觀」、「主觀」和「互為主體性」的不同。

所謂「客觀」事物的存在，並不會受到人類意識和信念所影響。例如，放射性就是一種客觀的事物。

早在人類發現放射性之前，放射性就已經存在；而且就算有人不相信有放射性存在，還是會受到它的傷害。像是瑪麗·居禮花了很多年研究放射性物質，但並不知道它們可能有害。

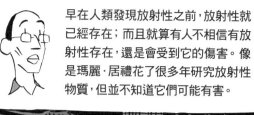

雖然她不曉得放射性會危及生命，但她最後還是因為過度暴露於放射性物質之下，而死於再生不良性貧血。

現在她就長眠於巴黎萬神殿。

相對的，「主觀」事物的存在，則需要依靠個人的意識與信念，只會存在於個人的腦海之中。如果這個人改變了信念，這項主觀事物就會改變或消失……

例如，很多小孩都會有個想像的朋友，只有自己能看得見、聽得到。

這個想像的朋友，只存在於這個小孩的主觀意識，等到小孩長大、不再相信，這個朋友也就從人間蒸發了。

例如，寶獅可不是寶獅公司執行長一個人想像的朋友。

寶獅公司是存在於數百萬人共同的想像當中。

寶獅執行長會相信公司存在，是因為這麼相信的還有董事會……

公司的律師……

工廠的作業員……

銀行的出納員……

證交所的業務員……

……還有從法國到澳洲的各地汽車經銷商。

如果只有執行長一人忽然不再相信寶獅公司存在，他很快就會被送到精神病院，而工作自有別人接手。

這都是虛構的！是某個能穿梭時空的博士告訴我的！都是假的！寶獅公司根本不存在！

要是只有我不相信歐元、人權、法國的概念，不會有什麼大不了。

一本《比爾和辛蒂》的漫畫，謝謝。

不管是歐元、人權或法國，都存在於幾百萬人的共同想像當中，所以光是某位個人失去了這份信念，並無法撼動這些想像的存續。

正因為這些由想像所建構的秩序具有互為主體性，如果你要改變這些秩序，就得讓幾百萬人同時改變想法，但這絕非易事。

他改變了歷史。

一個現實的反烏托邦？

這位靈修少年是誰？

這麼大規模的改變，只有靠複雜組織的協助，才能達到。

像是政黨、思潮運動或宗教教派。

想要建立起這種複雜的組織，就必須先說服許許多多互不相識的人，相信另一些共同的虛構故事。由此可見，想要改變現有由想像建構出的秩序，就得先想像出另一套秩序才行。

所以，舉例來說，想瓦解寶獅企業，就得有一套更為強大的想像秩序，像是法國的法律制度。

而要瓦解法國的法律制度，又需要一套更強大的虛構故事，像是整個法蘭西民族。

而要瓦解法蘭西民族……這個嘛，你就得再找出一套真的強大到不行的故事。

《人類大歷史：知識漫畫》精采預告……

填妥申請表，以閱讀下一章

申請表 UNIS-07
編號：4.8.15.16.23.42

注意！您需要UNIS-07合格證，才能取得繼續閱讀的權限。請確實填寫並繳回以下表格，經核對無誤，方能取得合格證明。

請以正楷填寫以下空格。

第一部分：

茲聲明本人（即文末簽名者）............... (*) 已遵照每頁頁尾的頁碼順序，完整且準確閱讀《人類大歷史：知識漫畫》先前章節，且承諾於繼續閱讀本書時，不違背行政事務跨部門委員會之各項規則、條例與命令。

第二部分(*)：**請填入：**

請劃掉適當的答案，並將不適用的地方刪除。

姓名：	□ 是	□ 否	□ 偶爾		
出生日期：	□ 含麩質	□ 不含麩質			
地址：	□ 已婚	□ 單身	□ 一言難盡		
母語：	□ XXL	□ XL	□ L	□ M	□ S □ XXS

第三部分(*)：
是的，這本《人類大歷史：知識漫畫》是我收到的禮物，我的付款方式是：
□ 信用卡
□ 舍客勒
□ 鹽漬小黃瓜

第四部分(*)：
是的，這本《人類大歷史：知識漫畫》是我本人購買，贈送者為：
□ 堂（表）兄弟姊妹的子女
□ 教育部長
□ 匈奴王阿提拉

完整地址請見背頁。

請依虛線準確剪下表格，寄至：後設行政事務跨部門委員會，C-22 部，b7b7 科。

本文件正式填寫完畢後，請交由本辦公室遞交及處理，證書將於六年內以無形的毛線帽形式寄送給您。 (**)

(*) 必填欄位。
(**) 視供貨情況而定。

第 7 章

穿梭記憶的謎宮

125

說到琪琪……

她跑哪去了?

在那邊跟我的狗打來打去的,就是她吧。

哎呀!真不好意思!

琪琪!!!

沒關係啦,就讓牠們玩吧。

牠們真是好可愛喔……不過我要說的是,牠們的遊戲規則大部分都寫在基因裡。

或許就是這樣,狗狗才不會發明像足球這麼複雜的遊戲!

說得對!場上這些女生沒有什麼「足球基因」,但就像你說的,因為她們都懂一套相同的規則,就能玩在一起。

可是越位規則還是不公平!

對嘛!小柔明明踢進了!我親眼看到的!

哦！不！！

哇……對方在延長賽得分了！

什麼？！？都結束了還延長什麼的，這樣沒有違反規則嗎？！？

你聽到沒有？裁判吹哨了！一定是說那球太扯了，不算！

呃，不是……裁判只是要宣布比賽結束了。

什麼？？？那球也算？！這世界沒有公理正義了。

不管怎麼說，還是謝謝你的解釋，這位是……

請問怎麼稱呼？

K先生……叫我法蘭茲好了。

法蘭茲·K

保險律師

要打官司嗎？
有人失蹤嗎？
臥房有大蟲入侵嗎？

找法蘭茲就搞定！

聯絡地址：Na poříčí, n° 7

保險律師！難怪你這麼懂規則！

我們認識嗎？總覺得你的名字有點熟……

您的名字也很耳熟。您是不是那位鬧得沸沸揚揚的歷史學家？老是說人類社會都是建築在虛構之上……

還說律師就像是薩滿巫師？！

真不好意思，絕不是針對您……

啊，我十分同意您的說法！

但您確實有個小地方說錯了。要建立大規模社會，虛構故事絕對是不可或缺的基礎。但光靠虛構故事並不夠。

那你認為還缺了什麼呢？

好問題，但我希望不會耽誤到你的時間？我知道保險律師都很忙。

哦，別擔心，我剛好有空。有個重要的審判一直延期，我還在等開庭時間。

我想說的是，要建立一個大規模的社會，還需要儲存與處理大量的資訊。兩位見過政府辦公室得處理多少文書工作嗎？

我懂你意思。社會是靠著許多千奇百怪的虛構故事，才凝聚在一起，而為了要記住這些故事，就得儲存那些堆積如山的資訊。

比起來，
其實足球規則還算簡單，
大家都能記得住。

就連越位規則
也不難喔！

什麼？你……
你聽到了？

當然呀！連你罵
髒話都聽到了！

我換一下衣服，
馬上回來！

我剛剛有
罵髒話嗎？

一定是狗狗在叫，
聽錯了啦……

嗯！一定是這樣……
但我想說的是，大多數人都不可能
把一個國家所有的法令和規定
都背得一清二楚。

特別是這些法規
還會不斷修修改改！

像是蜜蜂這樣的社交動物，
牠們的整個社會長久穩定不變，
所以能夠把整套社會規則寫到牠們的DNA裡！

蜂巢裡的蜜蜂長大後，只會有幾種固定的角色，
像是擔任蜂后、出門做工採集食物、或是在蜂巢育幼。
這些角色的基本規則都已經在蜜蜂的基因組裡寫好了。

所以學者從來沒找到
什麼「律師蜂」！

之所以不需要律師蜂，是因為根本不會有
蜜蜂忘記或想要違背蜂巢的組織章程。

搞什麼？
是要革命嗎！？！

蜂后絕不會騙取她子民的食物，
工蜂也絕不會罷工要求加薪。

但看看人類，就是會花很多時間
鑽法律漏洞、或想要改變法律……

一點沒錯！都是因為人類
的社會秩序是建立在
虛構的概念上！

也是因為這樣，我們輸掉足球比賽或選舉的時候，
就會怪規則不公平，有時候還會告上法院，
甚至是發動戰爭……

嗯！沒錯，但好險這不常見，
真是謝天謝地……

人類社會的某些職位，跟蜜蜂在蜂巢裡的分工很相似……
但人類的DNA裡並不會寫下每種工作的規則！
我們得投入許多時間心力，
才能把社會上的種種規則教給年輕世代。

女王

工人

保母

巴比倫國王漢摩拉比雖然把DNA傳給兒子，
但這不能保證兒子就會記住他「以眼還眼」的
律法和判例。

想讓帝國長長久久，漢摩拉比就得煞費苦心，
把律法和判例一條一條教給他的兒子。

而且，他兒子得要記的還不只有法條而已。
在一個帝國裡，要記的事情數都數不清，
像是有無止盡的交易和稅收……

……商船的貨物或軍用物資……

啊哈,小柔,你好了嗎?

小柔,跟法蘭茲叔叔打個招呼。我們在你踢球的時候認識的。

球賽的結果太可惜了。

哈,我沒事了啦。你們是不是在講什麼好玩的?

對呀,我們在討論人類社會是怎麼記住所有的法條和種種資訊,才讓社會維持運作……

有好幾百萬年,人類只會把資訊存在這裡……

但可惜的是,碰到一整個帝國大小的資料庫時,人腦就不是良好的儲存裝置。人腦有三個嚴重的缺點。

容量有限?

沒錯,這是第一個缺點。

就算是一位優秀的律師,能記得國家所有的稅法,也不可能記住所有公民的報稅細節。

那我猜，另一個缺點是：
儲存在人腦裡的資訊沒辦法永遠留住……
人總會死，記憶也會跟著消失！

唉！

說得沒錯！雖然記憶可以從一個人腦傳承給另一個人腦，
但經過一段時間，資訊就有可能變得模糊或被遺忘。

好喔，這樣講到兩個缺點了……
但我想不到第三個……

說啦，
薩拉絲瓦蒂教授，
我看你很想直接
公布答案。

人腦的記憶有選擇性，有些類型的資訊
很容易記住，有些類型就是記不起來。
你看人腦經過長時間演化後，
最擅長儲存和處理的，就是在遠古非洲
大草原上的實用求生資訊。

為了生存，當時的狩獵採集者需要記住幾千種動植物的特徵和行為模式。

哪種蘑菇可以治胃痛、哪種蘑菇有毒……

更重要的，是要記住自己遊群裡面其他人的想法與感受。人是社交動物，要依賴彼此，才能生存。

我不要吃日本料理！我討厭壽司，都講幾千次了！你都不記得在羅馬發生的事了嗎？

哼，怎麼可能！我哪忘得了你有多丟臉！但你可能不記得了，每次挑餐廳的都是你！就不能哪次換我挑我想吃的嗎？

演化壓力改變了人腦，讓人腦能夠儲存大量關於動植物、當地地理及社群互動的資訊。

但在農業革命之後，真正複雜的社會開始出現，這時有一種新型態的資訊，變得特別重要……

……就是數字！

布拉格隊　臺拉維夫隊

2　1

以前的採集者，不用去記憶或計算大量的數據！

你想想看，採集者並不需要準確知道森林裡每棵樹上有幾顆蘋果、幾粒堅果。

所以人腦從沒演化出儲存與處理數字的能力。也因為這樣，就算到了農業革命之後，智人還是難以建立起巨大的王國與帝國。

要建起帝國，人類就得找出一套系統，能夠記錄、計算大批數據。

只靠講述神話故事已經不夠了。神話故事說得好，可以說服數百萬子民，多多少少要誠實納稅。但如果真的要讓財政制度發揮作用，就必須蒐集、處理無窮無盡的資訊，包括人民的收入與資產、付款、欠款、債務、罰款，以及各種扣抵與免稅額。

要是國家無法儲存與處理這一切的數字，就無法充分利用手中的資源，甚至是連手中有什麼資源都不知道！

但數字有一大問題：大部分的人都覺得數字非常無聊！

如果要人去記憶、回憶和處理大量數字，絕大多數人都會舉手投降，大腦直接關機！

社會的規模和複雜程度，會直接受到人類腦力的限制。一旦人數和累積的資產超過某個臨界值，資訊量就會超出人類能記憶的極限。

容量有限的人腦無法應付這一切資料數據，財政制度也就無以為繼。所以就算農業革命已經過了幾千年，人類社會的規模還是相對不大，也比較簡單！

最早解決這項問題的，是住在美索不達米亞南部的蘇美人。當時蘇美土壤肥沃、作物豐收，因此人口不斷成長，開始出現真正的城市。

但想讓這些城邦維持運作，蘇美人不得不處理日漸增加的資訊。

就從一大堆無聊的數字開始！

一點也沒錯！當然，光靠人腦絕對不行，所以在五千多年前，一些聰明絕頂的蘇美怪傑想到辦法，把這個問題給外包出去了！

他們發明了一套系統，能夠在人腦之外處理和儲存資料數據！

就這樣突然之間，蘇美人打破了人腦的限制！他們也義無反顧，迅速建起城邦、王國與帝國。蘇美人發明的這套資料處理系統，就是我們說的……

文字符號！

啊……這些歪七扭八的小符號統治著全世界，要人類遵守法令。一切的起點就是這群蘇美的……嗯……怪傑。

就是他們想到可以把文字符號刻在黏土泥板上，用來記錄資訊。這真的很了不起：人類腦細胞無法處理的問題，居然用一堆泥巴就解決了！

他們發明了一組符號，分別代表數字 1、10、60、600、3,600 和 36,000。你會發現，蘇美數字系統是以 6 和 10 為基數的組合。

好怪喔！

其實沒有你以為的那麼奇怪唷！以 6 為基數的系統留下許多重要的印記：1 小時有 60 分鐘、1 個圓是 360 度……

蘇美人也發明了另一組符號，代表人、動物、商品、土地、日期……任何可以計算的東西。

結合這兩套符號，
蘇美人成功用泥板記錄下各種不同的資料，
遠遠超越人腦可以記憶的量！

也超越能寫進 DNA 的
資料量！

我再也不會小看泥巴了……

所以史上第一個
寫在泥板上的東西是什麼啊？
我猜是他們開天闢地的故事！

恐怕你會有點失望，
小柔小姐……
最早的蘇美文本
並不是傳說、詩歌
或冒險故事……

甚至也不是法律……就是一些
無聊的流水帳，記錄某個人的財產、
另一個人的資產、累積的債務、
已繳稅款、未繳稅款……

看吧，有趣的故事他們就可以
記在腦袋裡面！發明文字符號
是用來記載那些無聊的東西。

其實他們一開始只發明了用來表達數字和實物的
符號……就算想寫詩或歷史故事，
也沒有文字可以寫出來。

嘿，站住！那邊的！
你在做什麼？！

？

140

143

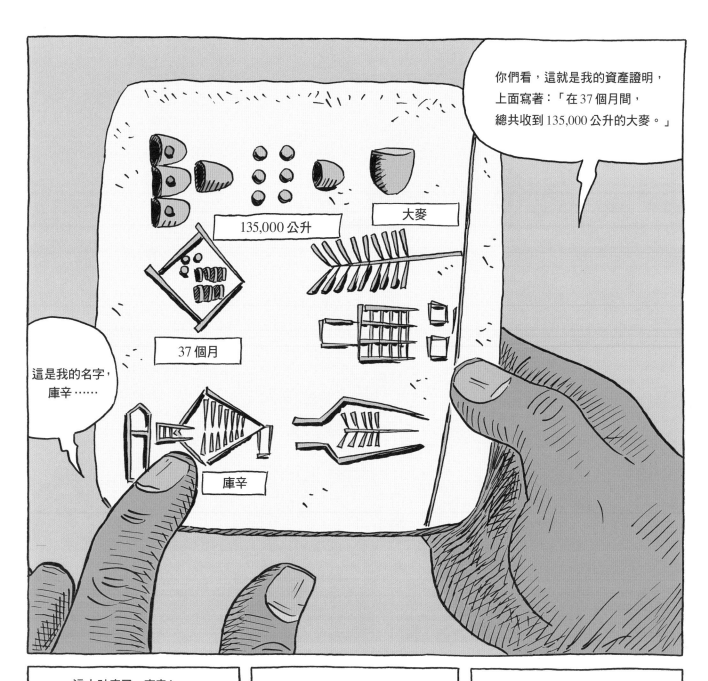

你們看，這就是我的資產證明，
上面寫著：「在 37 個月間，
總共收到 135,000 公升的大麥。」

135,000 公升

大麥

37 個月

這是我的名字，
庫辛……

庫辛

這太神奇了，庫辛！
您可能是史上第一位
我們知道名字的人！

喔我的老天麥啊，
您是說我嗎……

我們現在說的遠古人名和地名，
其實大部分都是現代才發明的。

舉例來說，我們並不知道尼安德塔人
都叫些什麼名字……有可能施泰德
洞穴當時叫做「哼哼哈兮」，哥貝克
力石陣當時叫做「嘟嚕嘟大大大」。

但我們能確定這位庫辛，真的叫庫辛！

我覺得你們的文字很美耶。

謝謝！

你看，我也有板喔，這是平板！你想看我最近寫的故事嗎？

看故事？這種想法太叫人意外了！

怎麼會有人需要把故事寫下來呢，小姑娘？

唉，現在的年輕人喔……就是懶！腦子裡什麼都記不住，就只想依靠別人！

不是在說你壞話啊，小姑娘，但我們印加人同意蘇美人的觀點：我們不懂把故事寫下來有什麼意義。故事記在大腦裡就好啦，想說故事的時候，就用嘴巴說出來嘛……

說得沒錯，謝謝您，女士！書寫唯一的用處，就是記下我們記不起來的資訊。

你們也是用泥板嗎？

不是，我們是用結繩，可以記下很多很多跟數字有關的資訊喔。

結繩真美！可是……要怎麼記錄呢？

就在這些彩色繩子上打結囉！結打在哪裡，有多少個，繩子有多長，都有不同的意義！把很多條繩子和繩結串上去，就能把整個帝國的稅收都記下來！

太了不起了！就像我的泥板，誰想得到呢！

我們的結繩記事精準又有效率，
所以西班牙入侵我們帝國的時候，還曾經
用我們這套結繩記事來管理這片新領土。

問題是，這群笨蛋不懂怎麼打結繩來記事，甚至連怎麼看都不會！
他們需要我們印加人幫忙解讀，而且，偷偷告訴你們，
我們可把他們搞得百思不得其「結」呢⋯⋯
就是有時候，我們會⋯⋯呃⋯⋯耍他們一下啊，騙騙他們啊。嘻嘻！

可是這些入侵者發現之後，就把我們的結繩記事廢掉，
開始改用歐洲文字系統。

歷經西班牙統治過後，只有極少數的結繩得以倖存，但也因為沒人懂怎麼解讀，所以成了另一種天書。

我來這裡，就是希望能有專家幫我解讀一下這是什麼意思。

祝您好運，女士……

西班牙征服者所用的歐洲文字，正是庫辛所用的符號在遙遠未來的後裔。

隨著時間過去，美索不達米亞人發明了愈來愈多符號，書寫的內容也變得多樣，不再只是無聊的稅務清單。楔形文字就此誕生！

四千五百年前，美索不達米亞國王已經會用楔形文字頒布法令，祭司也用來記錄神諭，甚至有些出身名門的公民也會用來寫信！

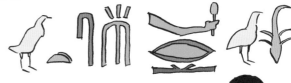

與此同時，埃及人也正在改進他們的另一種文字：象形文字！

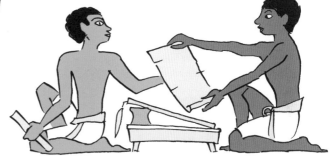

時間來到三千年前，中國人開始發展他們了不起的文字系統……

再過幾個世紀，中美洲也發明出另一種完全不同的文字系統！

147

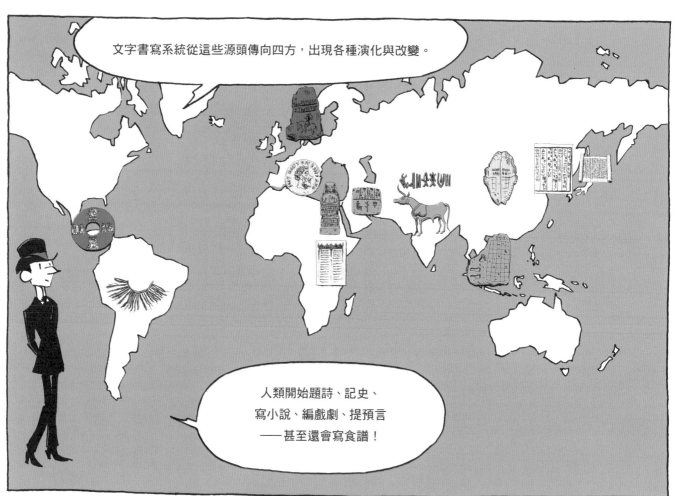

文字書寫系統從這些源頭傳向四方，出現各種演化與改變。

人類開始題詩、記史、
寫小說、編戲劇、提預言
——甚至還會寫食譜！

但文字書寫最重要的功能仍然是：
記錄大量無趣的數字資料。

不管是希臘史詩《伊里亞德》、
印度長敘事詩《摩訶婆羅多》、
佛教《大藏經》、或是《希伯來聖經》，
一開始都是口述作品。

這些經典作品
世世代代都是靠著口傳，
就算沒有發明文字符號系統，
也還是會流傳下去。

但要是沒有文字符號，
人類就不可能發展出
複雜精密的財政制度！

看我自顧自說得起勁，各位的電影快來不及了！

我去看看能不能請他們快一點！

我跟你一起去！

謝了，法蘭茲！我在這裡占位子，免得有什麼意外囉！

也太多人了吧！看來我們只能等了……

也是！不過我們又有時間繼續聊了！我們說到哪？

想起來了！有愈來愈多人開始書寫，題材也愈來愈多樣。

特別是像稅務內容啦、資產所有權啦……結果就出現了全新的問題。

啊！我們到了！

不好意思，可以讓我快速問個問題嗎？

午安，女士。我們只是想問，G-64 表格可以去哪裡拿？

要看那是要做什麼用？

嗯……好像說是什麼 C-22 / b7c7 ……

C 類問題不歸我們管，要去四樓的 B25 櫃臺。
現在可以請你讓開了嗎？排隊的是這位先生。

呃，好的好的，
沒問題……
抱歉抱歉。

左邊第二座樓梯，上去右轉再左轉！到了那邊
再問別人怎麼走吧……

謝謝您，
女士！

她人真好，讓我們省了寶貴的時間！
好的，但我說到哪？

想起來了！隨著文本數量增加，
又出現新的問題……
行政檔案變得無比龐雜！
要怎樣才能找到需要的資訊？

存在大腦裡的資訊很容易檢索。
雖然人腦存放了幾十億位元的資訊，
但我們幾乎可以在一瞬間
想到伊拉克首都在哪裡、
又馬上回想起自己初吻的回憶。

我們還不知道
大腦究竟是
怎麼做到的。

沒錯，
這目前還是個謎。
我們只知道
大腦的檢索系統
實在效率驚人。

但找車鑰匙的時候
就不一樣了！

與此同時……

他們好慢喔……我們真的
要看不到電影了……

嗯……

美索不達米亞
比爾和辛蒂
土地登記迷宮歷險

151

152

幾個世紀過去，官僚制度式的資料處理和人類自然思考的方式愈來愈不同，當然也變得愈來愈重要……

在邁入西元九世紀以前，出現了一個劃世代的轉捩點：一套新的文字符號問世了。這套神奇符號比起過去的所有系統，都更能有效率的儲存與處理數字資料。

嘿，你們看！
我們是不是要到那個櫃臺？

就是那裡！

運氣真好，
只有一個人在排隊！

也該是時候了！

我這裡說的文字符號，其實非常簡單，甚至比庫辛使用的文字還簡單。
這套文字沒辦法用來寫歷史、詩歌、食譜或法律，符號只有一種類型……

……就是「數字」！

157

布 拉 格

第一頻道，晚上8點
影集 ★★★

數字魔像
奴隸的反撲！

第一季前情提要：
它的語文只有10個簡單符號，卻把全世界的人類都給迷惑了！不論他們講的是阿拉伯語、印度語、挪威語或英語，幾乎所有國家、企業與組織都拜倒在數字魔像的跟前，用它的語文來記錄處理資料！

第一頻道，晚上9點
娛樂 ★★★

到名人家住一晚

本週人物：愛因斯坦

NERDFIX 宅飛頻道，晚上10點
影集 ★★★★

0與1村的囚犯

收視率第一的科幻影集《0與1村的囚犯》在全球掀起熱潮！想像有個世界，電腦統治全人類，它們操控了人類的智力與溝通，把智人從世界霸主的位子上拉下來！

一切開始於五千年前的幼發拉底河谷，一群蘇美怪傑將人腦應該做的資料處理工作，外包給了黏土泥板。而在矽谷的一座神祕村莊，一種更為先進的數位平板，讓處理程序登峰造極。

人類不再瞭解自己所處的世界。就像比爾和辛蒂一樣，如今大家都淪為階下囚，世界有了新的領袖：「雲端0與1」，一朵兇殘的怪物雲，由一連串數不清的0與1組成！

第二季：

數字魔像統御人類！

用數字說話！你們這些白痴！只有數字才算數！沒寫成數字，就什麼都不是！

再談什麼叫「快樂」也沒意義了啦……要轉成「主觀幸福感指數」。

也不要談什麼「誠實」了……改成「可信度指數」怎樣？

很多人看到這樣的方程式，不是呆住就是嚇瘋。但也不是他們沒有好奇心或是不聰明。

沙沙沙～噠噠達～

人腦的演化方式，就不是要拿來理解相對論或量子力學的。我能征服這些內容，靠的是運用複雜的數學……還有把一些思考過程「外包」到黑板上！

除了這些嗜好，我也喜歡在晚上輕鬆看點節目，像是《0與1村的囚犯》，你知道那部影集嗎？

茶熱一點好嗎？

嗶～

和其他許多人一樣，智人比爾和辛蒂都被一朵神祕的兩極雲關在「0與1村」裡。

有時候我說 1……有時候我又說 0……

我們又不是數字！

下一位！

您好，先生，我拿到這張罰單，但那位警官沒說是為什麼，而且……

我瞧瞧……

嗯……你拿到的是 C-22 / b7c7 號的罰單……

呃……所以……？

你運氣不錯啊，先生！最近剛通過了新的 R-14b 規定，所以你其實不用跑這一趟。總之，放心啦，沒事了。

什……什麼意思？

就沒事囉，祝你今天開心啦。

什麼？可是我們就這樣浪費了整整一天耶！

如果要投訴，就去 P3 櫃臺，填寫 W71 表格，一式兩份！

這有什麼複雜的……

算了啦，哈拉瑞舅舅，我們再不走，就要錯過電影了。

你說得對！我們得趕快了。要一起來嗎，法蘭茲？

謝謝，我心領了，今晚還有工作得做。我那個重要的審判差不多要重啟了。

法蘭茲，再次謝謝你幫忙。

再見！

法蘭茲真是個有趣的人……

對了，我們是要看哪部電影啊？

一部講文字符號發展近況的電影！

文字符號發展？拜託，別是無聊的紀錄片！

絕對不是，這是動作片唷！

最好是啦…… 一群官僚用文件夾跟迴紋針打架喔！

好啦好啦……

相信我，你會喜歡的。背景是設定在未來……講的是二進位電腦程式變得太過強大，所導致的危機。

第 8 章

虛構博士的密室

紐約

168

小羅啊，所以你到底是還在糾結什麼？

我實在不能接受那種說法……

嗯？你說說看？

好。人類明明沒有那種生物本能，為什麼能組織起這些大規模的合作網路？

當然，我知道你會說什麼……說是因為人類有了想像建構的秩序，因為他們發明了文字書寫、神話故事和官僚制度……

是啊，答案正是如此……

才不是，博士。沒那麼簡單……

但當時的情況就是這樣……我得說，從生物學來看，智人天生並沒什麼大規模合作的能力……

是啦……

看得出來，我給的答案你還是不滿意……

別跟我兜圈子了，博士。我沒那心情！

沒錯，智人擁有編造故事的能力，幫助他們建立了大規模合作網路，這點我懂……

……但是深入一點研究的話，就會看出這些網路都有明顯的共同點：這些網路都不公平！

博士，我想了很多。乍看之下，人類好像發明了一大堆完全不同的東西，什麼神靈、國家、金錢，想得到的都有。但仔細一看……其實是一模一樣的事情一再上演——都是**不公平**的階級制度！

你怎麼會這麼說呢？小羅啊，我實在不懂你在說什麼……

169

你清楚得很！這些由想像所建構的秩序，多半只為金字塔頂端的傢伙帶來好處，他們獲得權力和大把大把的特權！上了當的笨蛋落在最底層，就只有被歧視和受壓迫的份！

小羅啊，你真的這麼想嗎？

這不是我個人怎麼想的問題，我是在用羅培茲警探的身分跟你談這件事。

好啦好啦……

先看物證 A ：《漢摩拉比法典》。這個法典訂出了貴族、平民和奴隸的階級制度。你說這公平嗎？

那都三千七百多年前的事了……

好好好，要這樣是吧？那我們跳到 1776 年，看看美國想像出的秩序有多不平等。

如果智人想像出的虛構故事不太公平，我也無能為力……智人的發明令我讚嘆，但他們要創造或相信哪些故事，並非由我決定……

我很想相信你，博士。但我的工作就是要質疑和調查……我懷疑你不只是坐在一旁讚嘆而已……

而且請你別離開太遠，我隨時可能想和你聯絡……我還會有一些事想請教……

沒問題，警探。

170

稍晚……

1776 年，美國人用想像建構起一套秩序，
聲稱人人自由平等，
但還是阻止不了階級制度的成形。

當時男性就是比女性
有更多自由、
更多好處……

所謂「不可剝奪的權利」
多半也只適用於白人。
至於美洲原住民與非裔美國人，
則被認為是低等生物，沒有權利要求平等。

就連《獨立宣言》的簽署者，有幾位家裡也蓄奴。

他們並不覺得自己偽善。
因為在他們眼裡，黑人跟人權搭不上邊。
他們覺得的「自由」，
指的是白人擁有蓄奴的自由，
國家無權干預他們如何處置「資產」。

這套美國秩序還認可了
貧富之間的階級制度。

富爸媽多半會把財產和事業傳給自己的小孩，
這造成了嚴重的不平等，
但如今這在許多美國人眼裡也是司空見慣。

窮人家孩子得到的教育、
醫療保健與人生機會
都不如人，
但這項事實似乎在大家眼中
再公平不過。

窮孩子的才能與勤奮程度，
可能完全不輸給同齡的富孩子……

……但顯然還不夠努力，
才沒能獲得一對富爸媽。

喂！

有些美國人深信，財富階級本來就是上帝所認可的……

……也有些人相信，財富階級就是種種自然律的展現，
講得好像各種公司法和免稅條例
本來就刻在人類的 DNA 裡一樣。

不論是自由人和奴隸、白人和黑人、富人和窮人、男人和女人，這種種區別所帶出的階級制度，其實都只是虛構故事。

歷史上唯一不變的鐵律是：
所有由想像建構出來的階級制度，都會否認自己是出於虛構，而自稱是自然且必然的結果。

像是蓄奴主很少會承認奴隸制度是人類的發明。

漢摩拉比相信，主奴之間的階級制度是由神所訂。

亞里士多德則認為，奴隸是有「奴隸的本質」，而自由人有著「自由的本質」。

所以，在這位偉大的希臘古哲看來，人在社會中的地位有高有低，只是因為反映了各自的自然本質。

十九世紀的蓄奴主，
最會幫自己找藉口……

女士，十九世紀到了！

先……呃，女士？請問有何貴幹？

還真是個
好的開始！

午安，郝思嘉小姐。
稱呼我警探就行了。

那……警探，
請問有何貴幹？

我是來進行
一項警方正式調查的，
也只想問一個非常
簡單的問題：

為什麼白人可以擁有黑人？

聽來確實很簡單，不是嗎，牧師？

那當然！

可不就是我們
慈愛的主訂的嘛！

也許警探沒好好讀過
《聖經》？

阿們！

感到疑惑的時候，《聖經》都能提供
我們需要的一切解答。
不妨讀讀〈創世記〉第9章第25節吧。

弗萊明醫師，
您是科學界的，
您怎麼看？

科學和《聖經》所見略同
……像是有一位優秀的
種族科學家戈比諾，
就談過白種人的優越性。＊

＊戈比諾（Arthur de Gobineau）1856年的著作《不同種族之道德與智識的多元性》。

這個問題可以拿馬的品種來做比喻。
你看，有些品種適合當坐騎，有些品種適合當役用馬，還有一些適用於崇高的戰爭目的……

人也是如此，
能分成各個不同的品種。

無數的科學研究已經證明，
白人無庸置疑，
是最聰明的人種！

也是最高尚的！

還是最勤奮的！

黑人呢，則是最愚昧的，常常會被他們的……嗯，熱情，沖昏了頭。

而且懶到不行！
我的老天鵝啊！

他們就是得有主人來管，
否則他們連一根指頭
都懶得動呢！

這些都是科學事實！

你們這些「科學事實」
究竟都是打哪來的？

我的母校維吉尼亞大學啊！
這是整個美國南方
最傑出的科學機構了！
我讀的是醫學和自然哲學。

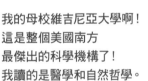

你真的確定，你所有的
教授都認同這個理論嗎？

這可當然了！

像我的自然哲學教授，
他就養了幾個奴隸。

校方也會蓄奴啊，
不然大學要由誰來蓋？

但這樣的話……那些奴隸呢？
他們對這一切怎麼想？

他們怎麼想？
老實說啊，我親愛的，
誰管他們怎麼想。

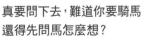

真要問下去，難道你要騎馬
還得先問馬怎麼想？

這位女士，我看得出來
你在質疑我們。

也不意外啦……畢竟
女人是不理性的動物，
不足以理解複雜的科學。

176

稍晚……

喵！

我回來啦，馬洛。
餓了嗎？

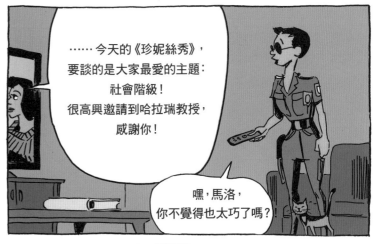

……今天的《珍妮絲秀》，
要談的是大家最愛的主題：
社會階級！
很高興邀請到哈拉瑞教授，
感謝你！

嘿，馬洛，
你不覺得也太巧了嗎？

哈拉瑞教授，我等不及想問第一題了：
特權階級是靠什麼來證明自己
值得擁有比別人更高的階級？

當然是靠
虛構故事。

我知道這個人！
他來過我的辦公室！

像是著名的印度教種姓制度，
最大獲利者婆羅門（祭司）就聲稱，
種姓制度是由宇宙力量所創……
說宇宙一開始只有一個巨人普羅沙。
後來諸神將巨人分成好幾塊，
用來創造出整個宇宙。

普羅沙的眼睛化成太陽，大腦化成月亮，口化成了婆羅門，
手臂化成剎帝利（戰士）、大腿化成吠舍（農民、商人）、
雙腳則成了首陀羅（僕役）……

根據這套創世神話，
婆羅門與首陀羅的差異，
是組成宇宙的必要成分，
永遠存在。就像太陽和月亮，
兩者的不同是再自然不過的事。

許多文明也有類似的故事。根據中國神話，女媧用黃土造出了人類，而且據說是先用細緻的黃土仔細捏出王公貴族，後來再用繩子抽打、濺起泥點，造出其他人。

滋滋滋！

……我們是上帝的選民！他們是臭兮兮的野人！

馬洛，你在幹什麼！

滋滋滋！

他們超會生、超愛生，像兔子、像害蟲……

滋滋滋！

……像猴子

滋滋滋！

……像瘋狗

滋滋滋！

危險的微生物！

滋滋滋！

……把那些蟑螂都殺了！

……前面提到的普羅沙故事，和其他神話沒兩樣，客氣一點的講法是並不科學。我們現在知道，太陽和月亮早在大約在四十五億年前就已經形成……

馬洛，乖！讓我好好聽哈拉瑞教授講話！

但是印度教種姓制度的歷史，最多不會超過三千年。種姓階級絕對不是什麼神明創造或自然律，而是人類發明的律法，讓一些人成了主人、另一些人則成了僕役。

179

馬洛,你有聽到嗎?
人類真是什麼鬼話
都肯信!!

好啦好啦,我知道你餓了……
等一下嘛,乖乖。

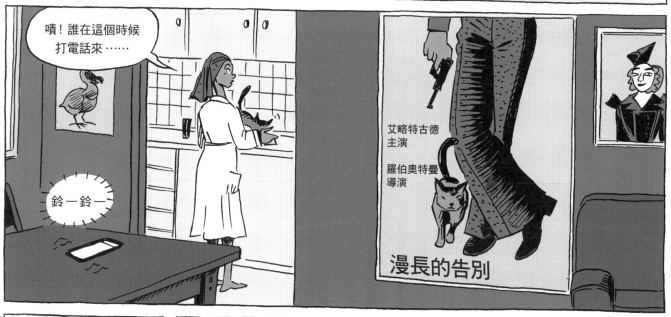

嘖!誰在這個時候
打電話來……

鈴—鈴—

艾略特古德
主演

羅伯奧特曼
導演

漫長的告別

哎呀呀!
是老大打來的。

鈴—
鈴—

羅培茲!你搞什麼鬼?!這麼敏感的案子,
你給我拿到全國節目上講?!

局長,你是說你聽到我打電話到
《珍妮絲秀》嗎?

不是我聽到,
是整個他媽的
全世界都聽到了!
來我的辦公室找我,
馬上!

不行，羅培茲！
你現在就得放下這個案子，
聽到了沒？！？

太多人在盯這個案子了。上面直接給我下令，
你給我放掉這個案子！

哪能這樣！……我都說了，這個虛構博士真的不對勁。
不同地區的人類所想像出來的秩序，哪這麼剛好，
都有不公平的階級、可怕的歧視？
你不覺得一定要查到底嗎？！
這一定是整個人類史上最嚴重的罪行！
我們的工作不就是要制止犯罪嗎？

警探，你是第一天上班嗎？
我們的工作是要維護社會秩序。
制止犯罪嘛……就偶爾做一下。
至於歧視什麼的，這世界就是這個樣子！

有些社會好一點，有些社會糟一點，但誰都知道，
文明到了一定規模，哪有可能半點歧視都沒有？
不要再鑽牛角尖了！

想要有規模這麼大的社會，
就得把所有人放進
想像出來的分類裡……

對，你說的都對
……

就像婆羅門和
首陀羅那樣是吧？

我懂我懂！

……或者是貧富。
幾千年來，就是因為有這些分類，
才讓幾十億人得以安然相處，羅培茲！
沒錯，某些人因此在法律、政治或社會上
比其他人有優勢……
但我們警察這幾千年來在做的是要保護秩序，
不是去破壞秩序！
你懂這種秩序有多脆弱嗎？
你再去招惹虛構博士，
整個文明就可能直接垮掉！

我是你的上級，你就該聽令行事！
懂了沒？！羅培茲，部下就是要服從！

嘿，亞當斯基，
有什麼新鮮事嗎？
最近怎樣？

還不是一樣，就來這邊幫客戶
辯護……你呢？

把門帶上！

我也都差不多……

看得出來你有事在煩……要不要
一起走走？

好主意……

是這樣子啦，局長要我別管這個案子……
我猜，虛構博士應該跟一些極高層的
關係很好……

警探，我懂你的感受。
但話說回來，
局長也不是完全說錯，
階級制度確實是不可或缺……

當然，但有些階級制度顯然不對。
你知道，我可沒有什麼種族歧視。
在我眼裡沒有種族之分。白人、黑人、
在我看來都一個樣。

嘖
嘖

但是如果把好幾百萬人
放在一塊……

不同的人肯定能力不同，所以會在這個社會階梯上，
爬到不同的層級、取得不同的好處。
這不是很自然嗎？

！？！

這樣啊,所以都是自然律是不是?
你該不會像其他人一樣,開始說什麼
太陽跟月亮的故事?

太陽跟月亮
……?

不不不,我的意思是,
以我們律師為例好了……

我前幾天開庭,
就對上了一個菜律師,
能力爛到讓人懷疑他當初
怎麼拿到律師資格。

他案例引用錯誤,
向法官陳述時顛三倒四,
害自己的證人說出不該說的話,
又無腦掉進我設下的每一個陷阱
……

要是這種律師一小時收費一百美元,
我向客戶收一小時一萬美元,難道不對?

所以你覺得是因為自己的 DNA 很優秀,
才有這樣的優勢?

當然!不然還能是
什麼原因?你知道,我可是
靠自己一路拚上來的。

好吧,這位「天縱英明」先生,
讓我來告訴你一件事。

我很想洗耳恭聽,
但實在得走了。
時間就是金錢啊,警探……
而且我的時間更是
大把大把的鈔票!

183

很高興再見到你，警探。
至於你對虛構博士的疑慮，我只能勸你聽局長的話，
放掉這個案子吧……

最好是……但還是
謝啦，亞當斯基！

我才不要放手。
虛構博士，你或許能唬過局長、
唬過亞當斯基、唬過所有人，
但別想唬過我……

咦，老大要走囉……

嘖嘖……嬰兒潮世代
都開這種車！

哈，難怪他要走了，
晚上七點準時下班……

既然現在沒大人……
我就來去檔案室，查察裡面的檔案……

！！！

嗨！你好！

184

你在這裡做什麼?!等等,我來猜猜,你一直在監視我,對吧?

我有時候會看看你在調查什麼,沒錯。但小羅啊,我真希望能讓你相信我,我真的不是你想的那樣。

你在浪費時間,博士。我已經不管這個案子了……

這樣啊,所以我們才會剛好都在檔案室囉?

哼!

我聽到你剛剛跟亞當斯基的對話了……

唷,可真恭喜啦!情況還真是愈來愈棒!

他打斷你的時候,你本來想說什麼?

我想告訴他,那些他得意到不行的「天賦」能力差異,全都是來自虛構故事啊,你這個……「虛構」博士!

真是精闢啊,警探。你不知道你說得有多對!

你是什麼意思?

一37?我沒注意過還有個地下37樓的按鈕……

1
0
-1
-2
卐

有,我就住那……

你只要想一想就很清楚啦……虛構故事當然不會直接影響任何人的DNA。但要是我們不去鼓勵、培養和發展才能,那些才能就會被埋沒。

像咱們的朋友亞當斯基……我賭你不知道他有個雙胞胎弟弟,叫查克……

啥?

亞當斯基自己也不知道。他們一出生的時候，因為戴錯嬰兒手環，他們從此沒再見過。

亞當斯基的弟弟過得很辛苦，孤兒院是一家換過一家。寄養家庭基本上沒什麼幫助，他的學業也只能說是一團糟⋯⋯

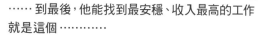

⋯⋯到最後，他能找到最安穩、收入最高的工作就是這個⋯⋯⋯⋯

至於你認識的亞當斯基，成長的環境完全不同。爸媽都是超級有錢人，讓他嘴裡含著金湯匙長大，接受最昂貴的私立學校教育。

他長大後，成了出色的律師，經手的都是最大的案子。

夠了，我懂。你是要說他們都有一樣的基因，但得到的機會不同⋯⋯而虛構故事就決定了誰會得到哪些機會。

就是這樣。

啊！我們到了！

雖然兩兄弟帶著相同的基因，但落入不同的社會階級，兩個人就很難一樣成功。

往這邊走。

跟你說吧，由想像建構的階級制度，就是每個社會的基礎。亞當斯基兄弟落入不同階級的故事，可能發生在十七世紀法國的雙胞胎兄弟身上，也可能發生在十九世紀印度的雙胞胎姊妹身上……

好吧……但有一點我不懂。各個文化究竟為什麼要想出這麼多不同的方式，把人分成不同的類別？

像是印度文明把人分成不同種姓，鄂圖曼帝國把人分成不同宗教，現代美國又把人分成不同種族？

偶然！真的只是偶然。大部分時候，階級制度的出現就是因為歷史環境中的種種偶然，再經過許多世代的延續與改進……而各個群體也在系統裡培養著自己的既得利益。

嗨，是我回來了！

小羅啊，歡迎光臨寒舍。

嗨……

嘿……

哈囉

！！！

187

種姓制度並不是突然之間整組好好從天而降，而是慢慢成形的。種姓制度看不見、摸不著，自然很難看清楚整體的樣貌。

一切只存在於人的腦海中。
總之，種姓制度大概是始於大約三千年前，中亞民族征服印度北部部分地區那時候。
也可能再晚一點。當時戰爭實在太多了，很難確定是什麼時候……

但是過程很清楚：
那些獲勝的人，成了君王、戰士和祭司，為自己搶下最豐饒的土地，閒暇時間就用來做各種有趣的事……
像是騎象打仗、號令建起神廟、編造種種神話。

與此同時，
當地原住民則淪為僕役或奴隸……

那些新興精英，希望自己的資產和特權能夠長長久久。

那當然……
他們是怎麼辦到的？？？

他們最渴望的一件事，
就是讓自己的孩子也一樣有錢有權。
所以，為了避免僕人的小孩來和自家小孩競爭，祭司與戰士就要求，所有工作都必須世襲。

可真遺憾……你爸媽是僕人吧？

那你長大了也只能當僕人。這堂課你不准上。

可是我不想像爸媽一樣當僕人啊！我想當祭司！

誰管你想當什麼？僕人就是不能當祭司。

可是為什麼？！

因為神是這麼說的。神讓祭司和僕人有所區別。只要是神區分開來的事物，人類就不能混為一談。

這聽起來沒什麼說服力啊……

但這正是種姓制度的基本原則。

你看，還不只這樣喔。為了強調僕役和祭司是兩種完全不同的存在，他們要求每個種姓穿不同的衣服、住不同的街區、不能一起做事……

聽聽這個婆羅門家庭說的話……

你只准跟婆羅門的孩子玩，不准跟那些骯髒的首陀羅攪和，懂了嗎？

懂了，爸爸！

很好！而且盡量不要跟他們說話。要是被我看到你居然跟他們一起吃飯，你就要倒大楣了！

這是瘋了吧……這些小孩都不覺得這怪怪的嗎？

有有有，有些孩子會提出質疑……你等著瞧……

190

把那個女孩忘了，你永遠不准娶她！
她可是個首陀羅！

可是爸，
我愛她啊！

愛不愛跟這有什麼關係？
你都不記得巨人普羅沙的故事了嗎？
我們婆羅門是普羅沙的口，首陀羅是普羅沙的腳。
只要是神區分開來的事物，人類就不能混為一談！

那只是騙小孩的故事！

大膽！
怎麼能說這種
褻瀆神明的話！

諸神清清楚楚把婆羅門與首陀羅區分開來，
就像太陽和月亮、白天與黑夜，各司其職。
要是人類開始把種姓混在一起，
就會破壞諸神所創造的秩序，讓整個宇宙陷入混沌。

難道你想看到太陽和月亮
掉下來嗎？？

就是這樣，種姓制度與宗教、社會、甚至愛情
都密不可分。

……誰想來一塊四季披薩？

他們有記得把橄欖跟洋菇分開嗎？
你知道我不喜歡那些東西混在一起。

這套什麼純不純潔的說法，真是充滿惡意！

會有這種想法的，可不只有印度教徒。在世界各個地區，不分哪個時代，都有這種關於純潔和汙染的觀念，支撐著人類的階級制度。

這種大談純潔、汙染的社會理論，是在利用一種人類生存必需的生物機制：對某些事物感到噁心厭惡。

人類本能就是會厭惡任何可能帶著疾病的東西……

……像是死老鼠……

矮額！走開啦！

如果你想孤立誰、壓迫誰，最好的辦法就是讓別人認為他就是個汙染源。

像是歷史上，就有人針對過猶太人、羅馬人、同性戀、黑人、婦女……說這些人身上有病。

更常見的做法，是說這些汙染源會「玷汙種族或宗教上的純潔」……

但誰曉得那是什麼意思……

193

在印度，「種姓」與「純潔」的關聯深植人心，時間長達數百年。

博士，你的故事問題就在這！

小羅啊，這不是「我」的故事嘛。
兩國交戰可別斬來使啊。
這套種姓故事是人想出來的，
再經過不斷流傳演變
……

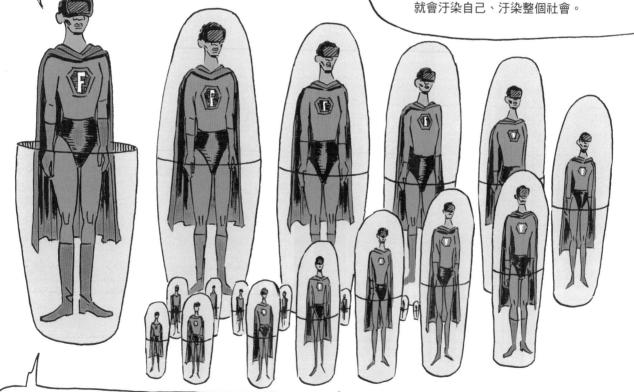

隨著時間慢慢過去，印度教定義出愈來愈多的種姓、
副種姓、副副種姓。到最後，已經分出大約三千種類別！
這些類別稱為「迦締」，
直譯是「出生」的意思。

然而，雖然分成這麼多類，
整套體制的主要原則並未改變。
每個人出生就有自己所屬的迦締，
一旦違反相關規定，
就會汙染自己、汙染整個社會。

一個人的迦締就決定了他的工作、
他的飲食、他的住處、
他的結婚對象……

就像獅人說的，
一般來說，你只能跟同種姓的人結婚，
而你的孩子就會繼承跟你一樣的地位。

每次出現某種新的職業、新的團體，
就得先讓這群人成為某個新的種姓，
並判斷他們在社會中的地位高低。

廚師

送貨員

要是某群人被認定「不配列為種姓」，就完全無法成為
社會的一份子，就連在最底層也搆不上。這些人被認為
不純潔，跟他們有任何接觸，都可能會對你造成汙染。
這些人就稱為「穢多」。

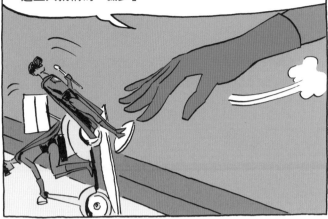

穢多的住處必須與所有其他人分開，活得充滿屈辱，
只能靠著撿拾垃圾之類的工作維生。
就連種姓階級最底層的人，也會盡可能避開穢多。

到了現代印度，
民主政府已經竭盡全力希望打破種姓制度，
讓人民相信種姓融合並不會有什麼「汙染」。

但是種姓迷思
仍然存在，無論
在就業或婚姻
方面，都還是
深受種姓傳統
影響……

就是這樣，一個不知道從何而來
的詭異故事，竟然演變成了難以
打破的社會階級。

另一個類似的惡性循環，演變出現代美洲的種族階級制度。
從十六世紀到十九世紀，歐洲征服者將數百萬名非洲奴隸裝載到美洲，
成為礦奴或農奴。

1619年，維吉尼亞地區，安樂角

嗯……為什麼是非洲人變成奴隸？我是說，為什麼不是歐洲人或亞洲人？

有三個原因。第一，非洲比較近；要從塞內加爾引進奴隸，比起從越南之類的地方要便宜多了。

第二，非洲當時已經發展出成熟的奴隸貿易，主要是出口至中東地區。而奴隸交易在歐洲仍然罕見……比起自己建立市場，還是在現有市場購買奴隸容易得多。

第三，維吉尼亞、牙買加和巴西等地的美洲殖民莊園，都曾經爆發瘧疾與黃熱病，而這些疾病就起源於非洲。非洲人經過世世代代，對這些熱帶疾病發展出了部分免疫，但歐洲人則是全無招架之力，一死就是幾千人。

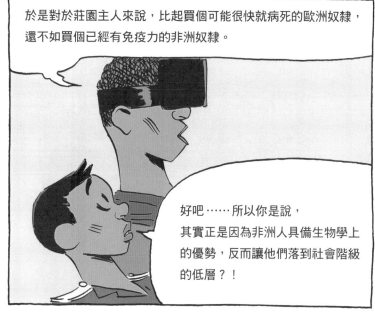

於是對於莊園主人來說，比起買個可能很快就病死的歐洲奴隸，還不如買個已經有免疫力的非洲奴隸。

好吧……所以你是說，其實正是因為非洲人具備生物學上的優勢，反而讓他們落到社會階級的低層？！

一點也沒錯……
正因為非洲人比歐洲人更能適應熱帶氣候，反而讓他們成了歐洲主人的奴隸！

所以是因為一連串的巧合，才讓美洲出現新的社會組成：由歐洲白人做為統治階級、非洲黑人做為奴隸階級……

而且我敢打賭，美洲這些白人主人絕對不想讓任何人覺得，奴隸制度就是出於經濟利益與蠻橫軍事武力的結果。人類很少會承認自己就是那麼殘忍自私。

所以，他們才又編造出宗教和科學的虛構故事，來為這種黑白有別的階級找藉口。

那可不！

神學家從《聖經》裡挖出一段話，說諾亞有個兒子的後代本來就注定要成為奴隸。

含！！！你的所作所為，將讓你和你的後裔永遠受到咒詛！

生物學家甚至聲稱，非洲人本來就不如歐洲人聰明，道德感也不如歐洲人發達。

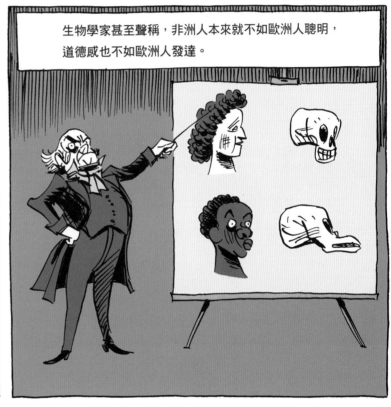

醫師則警告，黑人就是個汙染源。

離他們遠一點，黑人都住在骯髒的地方，四周都是老鼠；黑人會傳播疾病！會害你染上結核病！

197

這些虛構故事當初是為了給奴隸制度找藉口。

等到 1800 年左右，蓄奴逐漸消失。在海地的奴隸成功起義，歐美的廢奴主義者也推動廢除奴隸制度，停止大西洋的奴隸交易……

在接下來的一個世紀裡，整個美洲大陸逐漸廢除奴隸制度。

然而，蓄奴的終止並不代表所有種族主義迷思也畫下句點。

你才知道！這點我有幾件事可以分享……可以借一下遙控器嗎？

你看看這有多誇張……

蒙哥馬利郡，1955 年

僅限白人

沒錯……造成這些種族主義迷思的歷史現象、也就是奴隸制度，或許已經消失……

……但那些迷思仍然存在，甚至愈演愈烈……

!!!

這就是我說的惡性循環……

等等……你這是在幹嘛？？？

我想解釋事情的來龍去脈。來吧，我得帶你回到過去，才能讓你明白……

這位黑人少年在 1865 年出生於亞特蘭大，比起同齡的白人少年，他就是沒什麼機會能接受良好教育、找到高薪工作。

砰！

偏見

1880

經過一個世代，這位黑人薪水太少，
沒辦法讓自己的孩子上好的小學；
至於那個白人，則能讓小孩一路順利進入大學。

貧窮

1895

好吧，博士……但差異肯定不只在貧富而已……

當然……

也是有很多白人又窮、教育程度又差。

此外，工業革命與一波又一波巨大的移民潮，
讓美國成了一個流動性超高的社會，
人人都可能白手起家、一夕致富。

才不是人人都這樣！

要勇敢相信！在美國，什麼事都有可能發生！

如果問題真的只在於貧富，種族之間的鴻溝應該早就消除了……

但事情就不是這樣……

If you ask me, I think democracy is fine
I mean democracy without the color line
Uncle Sam says, "We'll live the American Way"
Let's get together and kill Jim Crow today *

沒錯……就算奴隸制度已經廢除，長久以來的種族主義迷思還是讓許多人相信一些很愚蠢無知的事，例如以為黑人就是比較笨、比較暴力、比較懶惰、比較不道德。

可不是……基本上，就是把黑人看作社會汙染源……

* 歌手喬許·懷特（Josh White）的爺爺

如果有個黑人，好不容易接受了良好教育，
想申請一份體面的工作……像是銀行行員……

……他能錄取的機會，將會遠低於擁有同樣資歷的白人。

黑人求職者永遠得面對外界貼上的刻板標籤：
天生懶惰、比較不可靠、比較不聰明。

你可能以為，民眾總會慢慢發現，
這些標籤完全就是迷思，
黑人能夠逐漸證明自己和白人一樣能幹、守法且乾淨。

但情況正相反：偏見只有愈演愈烈！

1958

因為最好的工作全掌握在白人手上，
就很容易讓人相信黑人確實低人一等。

白瑞德先生，你看看，
這些黑人都解放幾代了。
但恕我直言，到現在都還沒有黑人
當上老師、律師、醫師，
就連銀行行員都沒有！
這不是鐵證如山嘛，
黑人就是智商低、
不求上進。

黑人就這樣困在一個惡性循環裡：
外界的刻板印象認為黑人比較笨、比較不可靠，
於是不肯讓黑人擔任白領工作。

咦，我沒告訴你啊？
我們的祕書職位已經找到人了……

但問到有什麼證據證明這些刻板印象……
又會說證據就是沒有黑人在擔任白領工作。
一個再完美不過的惡性循環……
原本只是某個偶發的歷史情境，
就這樣變成一套僵化的社會制度、
代代相傳的沉重負擔……

貧窮
偏見
新的歧視法令

惡性循環並未到此為止。種族主義迷思愈發嚴重，
白人甚至覺得必須訂立一些新的法規，
來讓黑人安分一點，好保護白人社會，
不要因為種族混合而受到所謂的汙染。

該死，只是想
喝杯咖啡，
怎麼這麼難
……

限白人
使用

這種新的種族隔離制度稱為「黑人歧視法」
（Jim Crow Laws），英文名稱來自虛構人物——
吉姆·克勞，代表著對黑人的種族主義刻板印象。

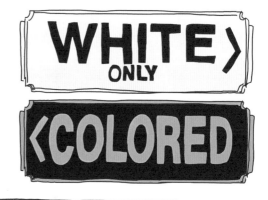

種族主義迷思造就了這些法令，
而這些法令又反過頭來強化了這些迷思。

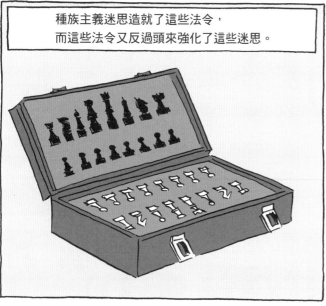

黑人被禁止投票。

黑人無知
又沒道德，
哪有智商
好好投票！

黑人小孩不能上白人的學校。

我的天啊，
那怎麼可以！

我的寶貝會被那些
噁心邪惡的黑人小孩
帶壞的！

黑人不得進入白人的商店。

我們可不希望有小偷
到我們的店裡！

黑人不得進入白人的餐廳。

你知道，我們可得保持衛生啊！

黑人不得進入白人的飯店旅館。

那可不行！床鋪上都會是他們的細菌！

理由總是一成不變。

只要是上帝和自然區分開來的事物，人類就不能混為一談。要是允許一切混在一起，文明可要崩潰啦！

當然囉，這些擔憂也少不了許多偽科學研究的「證實」……

這本書裡證明，黑人就是教育程度比較低……

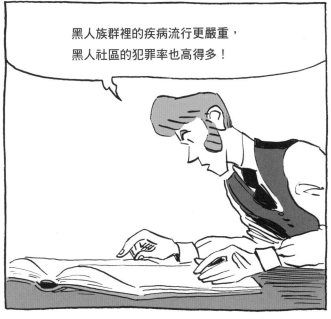

黑人族群裡的疾病流行更嚴重，黑人社區的犯罪率也高得多！

這些研究沒發現：這些疾病與犯罪多半是由於社會歧視造成的結果，而不是黑人天生的生物傾向……

隨著時間過去，情況反而愈變愈糟。
種族差異非但沒有逐漸消失，反而是愈來愈根深柢固。

僅限
白人

迷思催生各種法律，
而法律又令迷思愈來
愈深。

1958 年，有一位黑人學生
想讀這所大學。

就是那邊那位。

克雷農·金恩！

放開我！
我只是想讀這所大學而已！

你已經違法了！

我聽過他的故事……

沒錯……法官的判決
對他很不利……

把他關進精神病院！
這個黑人肯定是瘋了，才會覺得自己
竟然進得了密西西比大學……

還不只這樣……當時美國南方人只要一想到，黑人男性有可能和白人女性發生性關係、甚至結婚，就讓他們簡直要崩潰。

我可以告訴你，有一大批北方人也是這麼想的！

你說得沒錯……只要他們看到一點點風吹草動、蛛絲馬跡……

天啊！博士，你就這樣什麼都不管嗎？！

我們不能插手過往……

三K黨的白人至上主義者，當時就這樣殘殺了許多黑人……號稱是為了維護白人種族的純潔。

嘖！又是純潔！這種迷思鬼話就是永遠不會消失！

也別忘了純潔的好朋友：「美麗」！
隨著種族主義迷思日益深入美國人的想像，美國的審美觀也變得都以白人的美麗為標準。白人的外貌特徵，成了人人追求的目標……

黑人則幾乎不會出現在媒體上，因為當時武斷認定黑人比較沒有吸引力。這些對外表的偏見也就把想像所建構出來的種族階級意識，深深植入人們的心理深層。

紐約

嘿,
馬洛……

喵——!

我知道啦,我回來晚了……
對不起嘛,
我在逼問嫌犯啊。

喵?

沒有,你們沒見過。
「虛構博士」,
沒聽過對吧?

我有個不好的感覺,覺得被博士騙去聽一堆辯解……

說什麼不公不義和
歧視愈來愈糟……
什麼惡性循環……

喵!

以為用這些話術,
就能像OK繃一樣掩蓋
我早就看穿的真相……

有錢就能滾錢、
窮的只會更窮、
教育會帶來更多教育、
無知則會帶來更多無知……

難道我們還不知道,
現在有特權的人就最有可能繼續掌握特權、
而現在的受害者最有可能繼續受害?
你說對吧,馬洛?

好!我要再進一步
調查這個案子……

得先出門了,
我要去雅典
找一位專家朋友。

不要一下
就把飼料
全吃光啊!
拜拜囉!

208

現代美國人很在乎種族議題……

但種姓對他們來說，一點也不重要。

至於在中世紀印度，則是根本不在乎什麼種族，但非常看重種姓。

所以，顯然種族和種姓的區別並非出於自然，而是文化所致。

但有一種階級制度，在所有人類社會中都非常重要。而就這種特殊的階級關係而言，文化與自然的影響比例就更難理清了。

這裡說的，當然就是「性別」的階級！

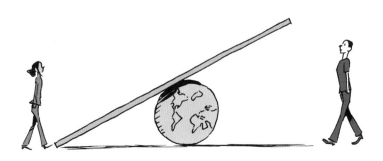

所有社會都會把人分成男女。

而自從農業革命以來，不論在任何地方，都是男性得到了更好的待遇。

商代王后「婦好」的墳墓，大約西元前 1200 年。

刻在龜甲上的甲骨文，記錄了中國最古老的一些文本。

這些文本記錄了對未來的占卜，以及後來實際發生的狀況。

龜甲

像這個龜甲就刻著一個問題……

婦好臨盆這件事，是否吉利？

接著是卜卦的結果……

要是在丁日分娩，就是吉事。

要是在庚日分娩，更是大吉。

但最後，婦好是在甲寅日分娩。

不吉，生的是個女孩。

如今過了三千多年，還是有很多人相信生女兒是不幸……

有某些父母會墮掉女胎，有某些女嬰會遭到棄養、甚至是更糟糕的結局。近幾十年來，這些做法造成中國、印度及其他幾個國家部分地區出現性別比例失衡的狀況。一個極端的例子就出現在 2005 年中國江西省，當時調查發現，在一歲到四歲之間的孩子當中，每有 1,000 個男孩，只會有 699 個女孩！

在許多社會，
女性只是男性的財產，
常常是屬於她的父親或丈夫。

你女兒要賣多少？

把你在河對岸的
土地給我，
她就是你的了！

在許多法律體系中，
強姦罪被歸為侵犯財產權。

換句話說，受害者
不是被強姦的女性，
而是擁有她的男性。

私人財產，
非請勿近

所以，如果某個男性強姦某位未婚女性，
只要付一筆聘金給她的父親或兄弟，
她就成了這個強姦犯的合法財產。

「若有男子遇見沒有許配人的處女，
抓住她，與她行淫，被人看見，
這男子就要拿五十舍客勒銀子給女子的父親；
因他玷汙了這女子，就要娶她為妻。」*

*〈申命記〉22：28-29。

在古希伯來人看來，
這種安排再合理不過……

在路上發現並撿起一枚銅板，
哪能算是犯罪……

照這道理，強姦某個不屬於任何
男性的女性，當然也不是犯罪。

至於丈夫強姦
自己的妻子，
也算不上是
犯了什麼罪。

夫妻之間，
妻子的性事完全由丈夫掌控。
要說丈夫「強姦」妻子，
就像說某個人偷了自己的錢
一樣不合邏輯。

這種心態可不只有古代中東才有。一直要到 2006 年，希臘法律才承認可能有婚內強暴的情形。

而時至今日，
仍然有像是巴林、伊朗、
印度、衣索比亞等國家，
就算丈夫強姦妻子，
也不會遭到起訴。

那麼……男女之間到底有什麼區別呢？

男女的區別是不是
和種姓與種族一樣，
都只是虛構的故事？

這個嘛，兩性在生物學上確實有明顯的差異。
生育一直是女性獨有的權力……
原因很簡單，有子宮才能生小孩。

沒錯。

確實，兩性有明顯的生物差異……
這也反映在文化、法律與政治上，
帶來男女之間無數的不平等待遇。

但所有社會都是緊抓著這個普遍真理的核心，又在上面添加一層又一層的文化概念與規範，結果和生物學的關聯愈來愈小……

人類社會裡，會說某些特質屬於男性、某些特質屬於女性……但多半沒有堅實的生物學基礎。

讓我們想像把時間推回兩千五百年前……

一個雅典人如果具有的是子宮而不是陰莖，就不能算是一個獨立的法律主體，會被剝奪許多權利與機會。

她無法參加人民議會、無法在選舉中投票，也無法擔任審判。

除了少數例外，她也無法享受良好的教育，不得獨自經商、也不能參與哲學辯論。

213

214

但現代雅典的想法就不是這樣了。
如今雅典的女性有投票權，能選公職、發表演說、上大學，
也能設計汽車、建築、
電腦軟體……

當然該是這樣！
「有子宮」這件事，並不會讓女性
在這些方面的表現不如男性！

2020 年，希臘還選出了
一位女性來擔任總統。

只不過，女性在政治和商業領域
的代表性仍然過低。

那是不是說，
人類終於不再相信
以前那些垃圾觀念了？

有那麼簡單就好了！
人類有時候是能放下一些垃圾觀念，
但也常常會想出
新的胡扯瞎掰……

現代希臘人多半已經接受女性擔任公職是很
正常的事……他們抱著沙文主義的祖先，
大概會覺得震驚不已。

不過很多現代希臘人也相信：
人應該只對異性產生「性趣」……
這時他們思想較為開放的祖先，
也會覺得他們拘謹得有點可愛吧。

在 1951 年以前，同性戀在現代希臘都是非法行為。

過去有許多人認為，同性戀禁令只是反映了自然律，並不是什麼文化偏見。

您好，我想訪問您的意見，請問能耽誤幾分鐘嗎？

當然沒問題。

好的，請問第一個問題。

對於一位男性與另一位男性發生性關係，請問您有什麼看法？

噁心死了！！！你是在搞 gay 嗎？！

那請問您認為，自己的答案是基於：(a) 生物學事實，還是 (b) 文化偏見？

什麼偏見？你說誰有偏見？

這就是個事實！同性戀就是完全違背自然！大家都知道！

那請問……

那些傢伙對我們的社會很危險！會腐化年輕人！到處傳播疾病！

這樣的話，亞歷山大大帝該怎麼說？他有個同性愛人赫費斯提翁。還有蘇格拉底呢？你讀過以他為主角的《饗宴》嗎？

你是說，連蘇格拉底也是？！我……我當然早就知道了！

那……幸好他們逼他喝毒藥自我了斷！

216

在蘇格拉底的時代，雅典人覺得同性戀關係很正常……

這不是他們要殺了蘇格拉底的原因。

事實上，當時還有一些同性戀者是人民的英雄與榜樣。

像是一般就認為，在雅典建立民主的過程中，哈莫迪奧斯與亞里斯塔吉頓的愛情故事，也推了一把。

在這兩個男人的時代，雅典被一個暴君統治。哈莫迪奧斯決心刺殺暴君，亞里斯塔吉頓則同意協助愛人完成這項有去無回的計畫。

兩人不幸就義，但成功刺殺暴君，推動雅典成為民主政體。

雅典也在一座重要的廣場上，豎立起兩位戀人的雕像，有好幾世紀都視他們為英雄。

生物學帶來
的是自由。

如果我們想要辨別，哪些是真正的生物學觀點，
哪些是人類硬扯的生物迷思，這裡有一套簡單的黃金法則：

而文化帶來的
是禁止。

啦啦啦……
我有好多選擇！

嘖，去生小孩啦，
不要唱了，
吵死人了。

這兩個人太糟糕，老是吵不停。

我想做什麼還要
你教？

我想生就生，
你管得著？

大自然給妳一個
子宮，就是要叫妳
好好讓它派上用場！
不生孩子不自然！

哎喲，大自然也給了你一個大腦啊，
你怎麼不好好用一下？
講那一堆什麼自然不自然的鬼話……

你難道沒發現，這世界根本不會有
什麼行為是「不自然」的嗎？

我生不生小孩，對大自然來說
根本無所謂。我要不要甩了你、
去找個女人在一起，
大自然也不會反對！

只要是有可能做到的事，都是自然的，
從定義上就是如此！

胡扯！大自然自有律法，而律法就是用來禁止
那些不該做的事，不然咧？

噗！要是自然律真的要禁止什麼，那些事
就是肯定沒人做得到。像是跑得比光速
還快，這種事才是真正的不自然、永遠都
不會發生，不是嗎？

難不成你認為，
要是我真的跑得比
光速還快，會突然
冒出什麼星際警察
給我開罰單嗎？

不是，
但……

會違反自然律的事
根本不存在。
只要是存在的事，
就代表它符合自然律！

我是對的，你
清楚得很！

好啊，
就繼續躲在報紙
後面啊！

哼！

佛羅倫斯早報

218

教宗儒略二世訪談

教宗閣下，請問我們該怎樣判斷哪些行為屬於自然、哪些又屬於不自然？

怎麼會有這種疑問呢，基督宗教神學已經講得非常清楚了。所謂的自然行為，必然符合偉大的神創造自然時的意圖。

環球不靠岸航海賽：
哥倫布成功返航，勇奪勝利。本報在加地斯城的特派記者表示：

原來世界真的是圓的！

神創造人體時，為每個肢體與器官都安排了特定用途。

如果我們使用肢體與器官的方式符合神所安排的用途，就是自然的行為。不符合，就是不自然。

舉例來說，性器官用於生育就是自然的行為，這是神的安排。要是用在其他的用途，就不自然！就是一種罪惡！

當代藝術：
本報文化版主編初見達文西的新作，麗莎·喬康多的肖像畫。

你該讓她再笑燦爛一點……

這個無懈可擊的論點，妳可沒話說了吧？

啊啊啊……你真的有夠盧的；不是報紙寫什麼就是真理好嗎！

重點是：演化本來就沒有什麼預設的藍圖。器官的功能一直在改變，並沒有預設一定要如何演化。

幾億年前，嘴巴第一次演化出來的時候，
主要是用來攝取食物。

我到現在也還是會用
嘴巴來吃東西……

……但我現在也會用
嘴巴來說話……

……吹薩克斯風、接吻……

還有天曉得的
好多其他用途……

身體的各個部位也一樣。像是鳥的羽毛……
羽毛並不是突然出現在鳥類身上，
讓牠們可以在空中翱翔的……

羽毛最早是出現在史前爬蟲類身上，
用來保暖。

後來，某些爬蟲類發現這種保暖設計也能
讓牠們跳得更遠，更利於逃離捕食者或追捕獵物。

再過了幾百萬年，那些爬蟲類
就成了現在的鳥類。

所以我們該把鳥類
拖出來罵，說牠們沒有
維持羽毛原本的用途嗎？

神創造羽毛的時候，是要讓你們用來保暖！
用羽毛飛來飛去是不自然的，你這條蜥蜴有罪！

講到性行為，也是一樣的道理。
一開始，性行為只是為了生育繁殖⋯⋯

⋯⋯後來又演化出求偶儀式，
用來評估潛在伴侶健不健康、合不合適⋯⋯

現在則有許多動物的性行為是為了
社交互動，而和製造自己的小副本
沒有太大關係。

像是黑猩猩，就會用性行為來鞏固政治聯盟、
建立親密關係、化解緊張局勢。

黑猩猩的性活動，目的多半不是為了生出小黑猩猩。
但這樣就不自然嗎？

人類也是一樣的道理。
我們有什麼理由能主張，
女性一定要生育，
才符合自然功能，
或者，同性戀是不自然
的行為呢？

許多法律、規範、
權利和義務，
定義了男性和女性
應有的表現，但反映的
多半是文化上的偏好，
而不是生物學上的必然。

生物學上，
人類性別是一條以男性和女性為兩極的光譜……
大多數男性智人擁有一條 X 染色體和一條 Y 染色體；
大多數女性則擁有兩條 X 染色體。

男性 XY
睪固酮
睪丸

女性 XX
雌激素
子宮

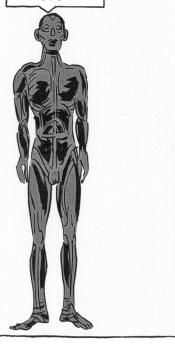

但我們說到男女的時候，常常指的是社會學的概念，
而不是生物學的分類。
說某個智人「夠男人」，指的並不是他擁有 XY 染色體，
而是說他擔負了社會賦予所謂男性的角色、權利與義務。
而說某個智人「夠女人」，也不是指她擁有 XX 染色體，
而是她在這個由想像所建構的社會秩序當中，
扮演了所謂女性的角色。

我參與政治，
我能夠在選舉時投票，
我必須服兵役。

我帶小孩，
我學編織，
我必須服從丈夫。

定義男女角色、權利和責任的，並不是生物學，而是文化的虛構故事，
所以每個社會認為「夠男人」和「夠女人」的意義也就大不相同。看看這些人的穿著就知道！

學者為了釐清概念，通常將性別分成「生物性別」（sex）
和「文化性別」（gender，又稱「社會性別」）。
「生物性別」區分男性與女性，有著客觀的標準，
在整個歷史上未曾改變。

「文化性別」則大致區分為男人與女人，
但現在許多文化也會承認一些其他的類別。
所謂哪些特質才「夠男人」或「夠女人」，
會依據眾人的共識來決定，而且會不斷改變。

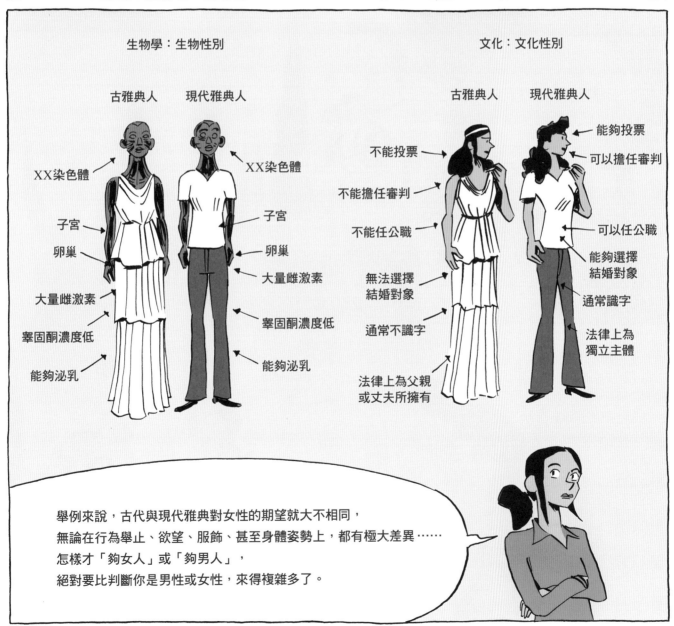

舉例來說，古代與現代雅典對女性的期望就大不相同，
無論在行為舉止、欲望、服飾、甚至身體姿勢上，都有極大差異……
怎樣才「夠女人」或「夠男人」，
絕對要比判斷你是男性或女性，來得複雜多了。

最麻煩的是，
我還得不斷說服自己
和其他人，說我這樣
「夠女人」了！

哼！
那有什麼了不起？
我還不是一樣？
為了證明自己
「夠男人」，
就得不斷展現
我的男子氣概！

光是有 XY 染色體還不夠，
差多了！

我從出生到死亡，
這一輩子都得透過
無止盡的儀式和表現，
向社會證明自己是條漢子！
隨時隨地都得擔心別人覺得
我沒男子氣概！

也是，我猜你們男人的
日子也不好過，
得演出一場又一場戲，
甚至冒著賠上健康
與生命的風險……

就為了聽人
說一句……

哇，他真是
有夠 man！

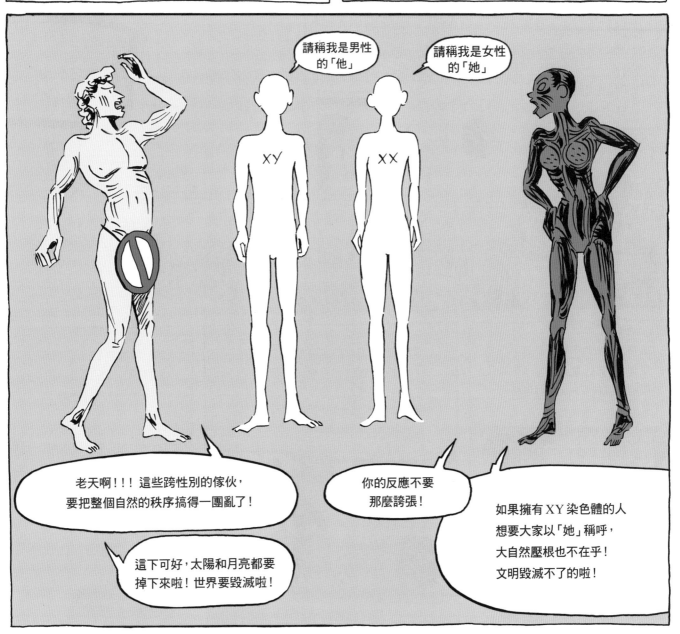

嗯，你的解釋是很有意思啦……
但我還有一點不懂：要是父權社會並非出於自然，
為什麼那麼普遍？

關於這點，是有幾種理論，
但沒有哪一種真的很說得通。

你或許聽過「是因為男性體格比女性強壯」這種老掉牙
的說法……但這並非必然。

賈克，別被我追
過去囉！

就是嘛！像我們局長，
我三秒就能把他撂倒在地上！
要是比跑百米，
他連我的車尾燈也看不到。

哈哈哈，
這我絕對相信，警探！
我肯定也贏不了你！

對上梅根·拉皮諾
這位頂尖女足球星，
我應該也是慘輸收場。

她超棒，
我完全是她的球迷！

事實上，女性有些身體優勢常常
更勝於男性。像是女性一般來說
更能抵抗飢餓、疾病與疲勞。

就是嘛！

而且，就算男性的肌肉力量比較大，
這和能不能當好法官有什麼關係？
你看嘛，整天坐在椅子上、
聽亞當斯基嘮嘮叨叨說個不停，
是需要用到多少肌肉？

而且講到要打掃或下田
的時候，怎麼又沒人說
女人的肌肉力量不夠了？

更重要的是，體力和社會權力本來就沒有直接關連。我們通常是靠社交技巧取得權力，而不是只靠蠻力。

想得到社會上的掌控權，真正的關鍵在於瞭解他人的想法、拉攏朋友與維繫人脈！

哼！聽起來就像我們局長幹的事！

看看達沃斯世界經濟論壇上的人：教宗、臉書和阿里巴巴那些大咖、美國總統和中國國家主席……都是男性，但可不是什麼拳擊冠軍……

梅根·拉皮諾一定能碾壓他們！

黑道組織也是一樣，老大常常都是個老頭，很少自己出手，骯髒事叫小夥子去幹就行了。

要是誰以為幹掉老大就能取而代之，很有可能還搞不清楚自己錯在哪，就再也見不到明天的太陽！

就連黑猩猩都懂，光靠莽撞暴力成不了事。黑猩猩老大是靠著和其他雌雄黑猩猩都有著堅定的聯盟關係，位子才坐得穩。

沒錯，就像想當上執行長，靠的是和人握手、請人吃飯喝酒，可不是去揍人。

所以，通常六十幾歲的人會比二十幾歲的人更有權力。

仔細一想也挺怪的⋯⋯
那些體格最強壯的人，
反而常常位在權力的
最底層。

你會怎麼解釋？

這或許與智人在食物鏈
所處的位置有關。

要是只看體力，
智人應該只會處於
食物鏈的中間位置。
但是智人卻靠著
社交技巧，
讓我們躍升到
食物鏈頂端⋯⋯

也就難怪，智人這個物種裡的權力鏈多是由社交能力來決定，
而不是看二頭肌大小。

所以，用肌肉力量來解釋
父權制，說不通⋯⋯

那還有什麼其他理論？
人類社會最普遍、最穩定的階級制度就是父權制，
到底是為什麼？

父權制的原因
肌肉力量

有一種理論認為，男性之所以能搶下主導權，
不是因為力氣大，而是因為生性好鬥。
經過幾百萬年的演化，讓男性訴諸肢體暴力的傾向，
遠高於女性⋯⋯

因此根據這個理論，軍隊才會以男性為主，
男性也就掌握了軍事力量。

228

控制了軍隊，公民政治也就落入男性手中。

男性手握愈多政治權力，就發動愈多戰爭。

而戰爭愈多，軍力又變得愈重要。

啊啊啊！又是個惡性循環！戰爭讓男人掌握更多權力，握有更多權力的男人又會發動更多戰爭。

父權制的原因
~~肌肉力量~~
~~戰爭~~

近年來對於男女荷爾蒙與認知系統的研究也發現，男人的好鬥和暴力傾向確實較為明顯，也就真的比較適合擔任士兵。

但這裡有一點說不通。就算軍隊的基層炮灰都是男性，也不代表只有男性能當指揮官吧？

如果說軍隊將領都必須從基層幹起，就還有幾分道理，但事實就不是這樣。

就算男性比較適合上第一線戰場，為什麼不能是女性將領來指揮一群男性軍隊？

我們幾乎從未見過這種情形，但就是不知道究竟為什麼。

我很同意你說的，
許多頂層軍官的背景根本和底層士兵完全不同。
像是在十八世紀歐洲，幾乎所有將領都是貴族出身，
這些人沒當過一天小兵。

像是以後會成為威靈頓公爵的這位年輕貴族，
十七歲從軍，就立刻當上英國軍官。

才不要，
新兵訓練
跟我不搭吧？

這位「鐵公爵」也很清楚，
自己和手下士兵完全不是同一個出身。
與拿破崙作戰期間，
他寫給另一位貴族的信裡就提到……

替我們賣命的
那些大兵，
都是社會上的渣滓
……

當時的大兵多半是窮人或少數民族，
這些人能夠升到像上校這種職位的機率少之又少。

英格蘭貧民

愛爾蘭天主教徒

蘇格蘭高地人

至於最高階的職位，
只會留給公爵、親王與國王。

但為什麼只有公爵，
沒有女爵？

這種父權制的
「戰爭理論」
並沒解釋這點……

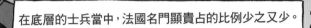

十九世紀，法國在非洲建立起遼闊的殖民帝國。
那些揮灑血汗的大兵，多半是法國勞工階級，
或是非洲平民，如著名的塞內加爾步兵團。

在底層的士兵當中，法國名門顯貴占的比例少之又少。

但在頂層的精英將領中，卻有高比例的名門男性，
負責指揮軍隊、統治殖民帝國、享用豐碩戰果。

為什麼又是只有法國男性、
沒有法國女性？

中國長久以來，一直有文人領軍的傳統。

所以常常是由從沒揮過劍的文官來指揮作戰。

這哪有什麼不對？
好男不當兵，
好鐵不打釘啊！

當時的聰明人，都會選擇當官、而不是從軍。
但又為什麼，這些文官也都是男人？

父權制的
「戰爭理論」
還是沒有解釋。

一般來說，女人的體格和好鬥習性確實不如男人。
但絕不能說因為我們的二頭肌比較小、
睪固酮濃度比較低，就不適合當將軍或政治領袖。

戰爭這件事千絲萬縷，
需要極高明的組織、
合作和安撫手段。

戰場上的運籌帷幄需要精力與才智，
可不是只靠肌肉或單純的好鬥。
作戰和酒吧裡打架可差遠了！

勝利的關鍵，
常常在於安內攘外，
並看穿他人的思維——
特別是敵軍的思維。

一心只想進攻的莽夫，大概會是最失敗的將領。
最好找個懂合作、能安撫人心、善於接受各種不同觀點的人，
這種人才能真正建立起一個帝國！

如果是這樣，女人應該會是
絕佳的政治領袖、帝國君王！
至於戰場上的骯髒活，
就交給那些睪固酮爆表、頭腦簡單、
四肢發達的肌肉男吧。

我們女人在大眾眼中，
通常比男人更八面玲瓏、更懂得安撫人心，
也更能理解他人的想法、瞭解他人的觀點。

但大家說歸說，
現實世界很少看到這種情況。
而這套關於父權制的「戰爭
理論」也沒能提出解釋。

像是羅馬的開國君主奧古斯都，雖然軍事表現不出色，
但建立的羅馬帝國長治久安，
在這方面的成就遠勝於凱撒大帝和亞歷山大大帝。
雖然凱撒和亞歷山大的軍事才幹更高，
但奧古斯都更能匯集民心、調和敵我。

還有第三種常見的理論，
認為男女之所以出現階級差異，
並不是因為男人比較暴力、比較野蠻，
而是因為男女的生育繁殖策略不同。

男人要互相競爭，
才有機會讓更多的女人懷上自己的孩子。
成功播種之後，就會立刻轉往下一個目標。

時間慢慢過去，就讓那些最有野心、最有幹勁、
最爭強好勝的男人，得以傳下他們的男性基因。

但對女人來說，這種策略毫無意義。
畢竟她想找個願意讓自己受孕的男人，
完全不是問題……

但她可得辛辛苦苦懷胎九月、
再經過多年把孩子帶大，
才能把自己的基因給傳下去。

要是只靠她自己帶小孩，就太辛苦了。
所以這套理論認為，她需要有個男人來幫忙。

拜託喔，比爾。
冰箱裝不下啦！

如果女人希望男人留下，一起分擔這份重擔，
就只能配合他開出的條件。

時間慢慢過去，那些最順從、最會養育小孩的女人，
得以傳下了她們的女性基因。

這套理論認為，就是因為有了不同的生育繁殖策略，
讓男人變得愈來愈野心勃勃、爭強好勝，善於奪取政治權力……

女人則是變得習慣遠離爭鬥，安於照顧老公小孩。

但這種理論仍然大有問題，
立論基礎也十分薄弱……

女人要養育小孩
確實很難只靠自己，
但誰說一定得靠那些
爭強好勝的男人？

235

吉田教授會有這種困惑很自然。
像是大象和巴諾布猿這些物種，
雖然一樣是雌性需要得到協助、而雄性爭強好勝，
但牠們最後演化出來的是母權社會，
而不是父權社會。

想把小巴諾布猿帶大，需要許多協助與合作。
所以巴諾布猿媽媽必須發展各種社交技能，
學會合作、妥協、看穿對方的想法與需求。

雌巴諾布猿透過社交技能，
交上許多雌猿朋友，互相幫助。

與此同時，
雄巴諾布猿則是整天打打鬧鬧，
沒有發展合作技能，也沒什麼堅實的友誼。

於是，巴諾布猿的社會由雌猿關係網絡主導，
雖然雄猿體型較大、也較強壯，
但要是哪隻雄猿敢虐待雌猿，
她的朋友會迅速來幫她，給雄猿一頓教訓。

非洲象的情況也一樣，
是由母象做主，決定整個象群的去向。

為什麼智人沒有出現一樣的情形？
我們就是不知道。

236

感謝你們的
說明……

你看起來有點失望。
很遺憾,沒能解答你所有的問題。

嗯,確實讓人有點
灰心……

總之就是
沒道理!

我們人類靠著合作,
成功爬到物種頂端!

但到頭來卻是比較不懂合作的
男性獲得更高的權利!
明明女性才是合作的高手!

也許前面說的這些常見的假設都錯了，誰知道呢……

或許男性智人不都是身強體壯、爭強好鬥……
搞不好，他們也很擅長某些形式的合作。
或許雖然女性善於建立人脈網絡，結交好姊妹，
但男性也開竅了，學會和陌生人建立堅實的階級關係，互相合作。

但這都只是猜測……

事實是我們並不清楚，
自農業革命以降的大多數社會中，
為何都是由男性來支配女性。

這可以說是我們對人類歷史的理解上，最大的空缺之一。

如果科學家有所不知，
最好大方承認自己不懂，
而不是隨意創造一部幻想中的歷史。

對嘛，就該這樣！

但有一點很肯定。不管是什麼讓男性支配了女性，絕不是出於自然律。

父權就是虛構故事搞的鬼。

可是……

賀錦麗與梅克爾
全球高峰會
同性婚姻合法化

警探啊，為什麼你這麼肯定？

看看上世紀發生了什麼事，人類的DNA或荷爾蒙並沒有什麼大變化，對吧？

沒錯。

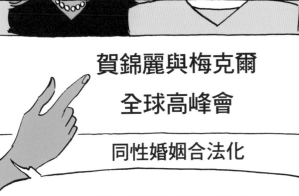

賀錦麗與梅克爾
全球高峰會

同性婚姻合法化

但性別關係已經出現了革命性的變化。
當然，離真正的平權還遠得很，
但現代社會已經開始徹底重新思考
關於性別、性向的根本架構。

現在有愈來愈多社會讓男女擁有平等的法律地位、政治權利與經濟機會……
這也部分證明了父權並非人類生物學上無可改變的結果。

父權就是靠著各種迷思和虛構故事而成形，而我想我們都知道罪魁禍首是誰……

?

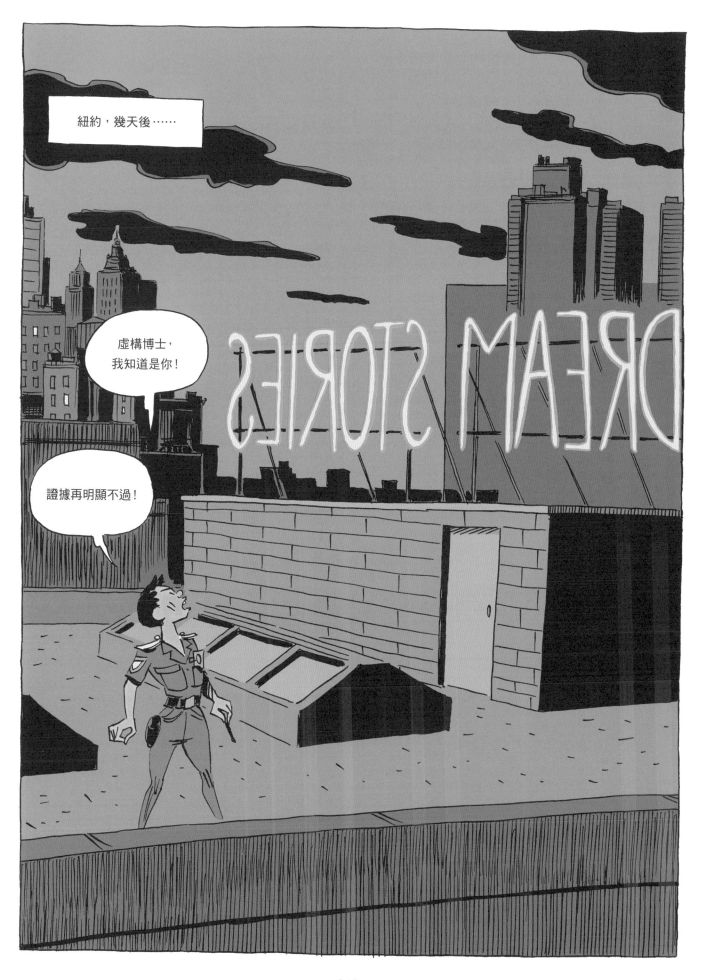

我調查的每個地方都一樣……

充滿各種不平等，而且都不是因為自然律所造成！整個亂象就是來自各種虛構故事！

你搞出的故事！

我知道你在玩什麼把戲！每次你出現，從無例外，都會讓一大群人落入悲慘的生活！

警探，我懂你為什麼調查之後會有這種結論……但請看看事情的另一面……

碰！

DREAM STORIES

哪有什麼另一面？

我跟你說個故事，你就會懂了……

還真是！又有故事了，是吧……

243

244

兩位都只說對了一半。小約翰啊,人類是不可能擺脫所有虛構故事的。

瑪姬說得對,那樣社會就會垮掉。

可是瑪姬,這也不代表祖先傳下來什麼鬼話,你們都要照單全收。故事都可以改,可以換成另一套更好的故事。

哇!博士,真是太大的好消息!

我一定會想出一套完美的故事,打造出完美的世界!是以前所有人想都沒想過的!

我心裡早就有滿滿的點子,肯定花不了太久!

呃,事情沒那麼簡單!別忘了,你得讓幾百萬人接受你的故事才行……

幾百萬人?!這就難了!

沒錯……要讓人相信一套全新的故事,還真是非常困難。

所以想要改變世界的時候,通常是從某個大家已經相信的故事開始。拿到故事之後,這裡做點改編,那裡動點手腳。所以可以看到,現在全世界稱得上是主流的故事其實只有幾套,但每一套都有許多不同版本,甚至版本之間還會互相矛盾。

互相矛盾?

是什麼意思?

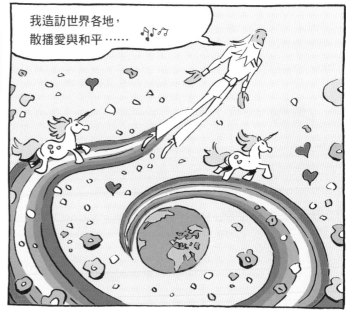

我造訪世界各地，
散播衝突與仇恨……

跟我來！
讓我們消滅那些異端！

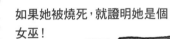

如果她被燒死，就證明她是個
女巫！

如果任何人有正當理由，認為這
兩個人不該成婚，請現在就提出，
或者永遠保持緘默。

神反對同性戀！！

不懂寬容的死腦筋！

感情用事的死笨蛋！

你夠了，壞神！

你說謊！
你說你會把
另一邊臉頰
轉過來讓人
打的！

看吧……同一套大故事，但兩種天差地別的版本。

這是什麼意思？
結果呢？誰贏了？

就看你心裡
支持哪一邊囉。

但要改編故事的時候，怎麼知道主要故事的哪些部分要留？

哪些部分要改？

就是得找到正確的平衡囉。

要是讓民眾什麼都不信了，社會秩序就會崩潰，造成極大的痛苦。

但要是讓民眾太死守某些信念，也可能造成可怕的苦難。

政治的一大重點，就是要找到正確的平衡。

但又要怎樣才能找到正確的平衡？

嘿！

啊啊……

有什麼好建議嗎？

簡單來說，就是要從「痛苦」出發。

我們要不斷去問：「有沒有人會因為我們的故事而受苦？」

去找這些人……

「是哪些人受苦？」

聽聽他們的故事。

不要因為懶得負責，就說自己的故事是永恆的真理、無可改變。

故事都只是我們用來幫助人的工具，如果造成的弊大於利，我們當然可以、也應該改寫這些故事。

這……這可不簡單啊。

只要細心謹慎，絕對做得到。

等等！我一直以為如果要改寫一個大故事，一定要發動大規模戰爭，殺死好幾百萬人！就像法國大革命或俄國革命的時候那樣！

248

確實不容易，但也並非不可能。
像是女性主義革命，在過去這一百年來
已經徹底改寫了關於男女與性別的這套大故事。
在父權社會當道幾千年之後，
事情終於大幅改觀。

當然，現在各個社會尚未達到完全平權。
但想想上個世紀的變化，
已經是很了不起的成就，
可說是人類史上數一數二的重大變革！

更了不起的一點，
在於這項重大改革完全是在和平中進行。
女性主義者沒有用上斷頭台或集中營，
沒有暗殺哪個總統、發動哪場戰爭。
但世界還是變得不同了。

這證明了
我們能讓世界變得更美好，
時間用不上太久，
過程也可以一派和平。

你瞧，如果某個故事出了問題，
總有辦法可以解決、可以改寫。

但這不是
由我來決定，
發明故事或改寫故事
並不是我的工作
……

那是你們的工作！

可是……博士，這責任對人類來說
太重了，你確定我們承擔得了嗎？

我沒看到還有誰能幫你們挑起這個擔子……

好吧，博士，我現在相信你了。
我知道問題不是你搞出來的
……但這樣的話，
你到底是負責什麼工作？

為什麼每次出現
重大的不公不義，
都會看到你在場？

我的出現，是要讓你和其他人都知道：
鳥事不是無可避免的，
你們有能力改寫故事，
一切都在你們手中。

DREAM STORIES

你們在銀行裡看到我，
就知道各種經濟措施不是什麼
自然律，而是人類的發明。

BANK

你們在教堂寺廟裡看到我，
就知道各種宗教誡命不是什麼
神明指示，而是人類的發明。

你們在政府機關裡看到我，
就知道各種政治制度不是
什麼生物學的產物，
而是人類的發明。

虛構三超人……
統一全人類！

誌謝

知識漫畫創作需要團隊合作，就算有了天時、地利、人和，仍不容易，而在全球疫情期間更不簡單。在此感謝下列人士，有他們的合作與心力，才讓這項出書計畫成為可能：

感謝 David Vandermeulen 和 Daniel Casanave，展現了創意天分與精力，與我共同創作這本知識漫畫。他們能讓我光讀著電子郵件就捧腹大笑；能與他們共事、找出新的角度來重述人類歷史，令我既感到光榮、也感到快樂。

感謝 Martin Zeller，精心編輯本書，也讓我們操著兩種語言的團隊能夠溝通清晰有效。

感謝 Adriana Hunter，仔細將文本由法文翻譯校潤為英文。

感謝 Claire Champion，為漫畫上色，真正讓全書為之「增色」。

感謝 Anne Michel、Lauren Triou、Aurelie Lapautre，以及 Albin Michel 出版社的出版團隊，協助讓這項合作計畫得以實現。

感謝在 Sapienship 的製作團隊，不辭勞苦，將這本書最好的結果呈現給世人：執行長 Naama Avital、行銷長 Naama Wartenburg 及 Nina Zivy，勇敢面對初稿創作過程一頁頁的協調工作，Jason Parry 博士擔任研究助理，團隊成員還包括：Shay Abel、Daniel Taylor、Michael Zur、Hannah Morgan、陳光宇（Guangyu Chen）以及 Galiete Gothelf。

感謝 Slava Greenberg 博士、Amanda Esterhuysen 教授、以及 Abel Anccalle Good，對於多元性及性別議題提供寶貴意見。

感謝 Alik Pelman 博士，對於自己種小麥的可行性提出建言。

感謝母親 Pnina Harari，給我這一輩子的支持與鼓勵。

感謝我深愛的先生、也是 Sapienship 的共同創辦人 Itzik Yahav，感謝他的才能、信任與勇敢無懼。

—— Yuval Noah Harari（哈拉瑞）

我們衷心感謝哈拉瑞的熱情及永不停息的投入。

也感謝 Sapienship 團隊全體，讓這個顯然並不尋常的計畫得以成真。

—— David Vandermeulen（范德穆倫）、Daniel Casanave（卡薩納夫）、Claire Champion

感謝 Nathalie Van Campenhoudt，她的體貼是無價珍寶，一路上也提供堅定的支持。

—— David Vandermeulen

謹以此緬懷 Angelica 與 Dorotéo。

—— Daniel Casanave

感謝 Célia 與 Noé 的協助。

—— Claire Champion

本書英文版編輯感謝三位作者，在如此格外動盪的時局完成書稿；感謝製作團隊合作無間；感謝 Sapienship 的故事敘事團隊，完成一次非比尋常的合作。

譯者簡介

林俊宏

臺灣師範大學翻譯研究所博士。

喜好電影、音樂、閱讀、閒晃，覺得把話講清楚比什麼都重要。

譯有《人類大歷史》、《人類大命運》、《21世紀的21堂課》、《大數據》、

《大數據資本主義》、《造局者》、《人類大歷史：知識漫畫》（合譯）等書。

顏志翔（卡勒）

臺灣師範大學翻譯研究所碩士。斜槓音樂劇演員。

譯有《攝影達人的思考》、《明天別再來敲門》、《暴雨荒河》、

《人類大歷史：知識漫畫》（合譯）等書。

近年與臺中歌劇院合作，譯有《搖滾芭比》、《一個美國人在巴黎》等演出字幕。

譯文審訂者

胡川安

加拿大麥基爾大學東亞系博士，國立中央大學中國文學系助理教授。

生活中的歷史學家，身於何處就書寫何處，喜歡從細節中理解時代、從生活中觀察歷史。

著作及編作十餘本書。

科學文化 212

人類大歷史：知識漫畫 2 ——文明支柱

〔特別說明〕
　　科學的美妙之處，正在於會不斷演化：總是有新的發現，持續改變我們對世界的認知。本書作者與編輯團隊已努力確保，書中再現的歷史事件符合寫作當下最新的科學研究結論。有些特定考古、基因、文本證據的解讀，各方學者之間仍多有異見，而且可能永遠無法達成令人滿意的結論。未來的發現與創新，都可能推翻我們對過去的理解，而我們也該期待出現這樣的突破。然而，這並不代表一切都沒有定論。像我們就可以肯定，過去曾經存在不只一種人類物種，而最後碩果僅存的「智人」馴化了動植物、揭開了自然律的秘密，也用說虛構故事的力量，創造出橫跨全球的各大帝國。每一年，人類都會更深入瞭解這些轉變，瞭解這一切如何協助創造出我們目前居住的世界。

原著 —— 哈拉瑞（Yuval Noah Harari）
　　　　范德穆倫（David Vandermeulen）合著、卡薩納夫（Daniel Casanave）繪圖
譯者 —— 林俊宏、顏志翔
譯文審訂 —— 胡川安
科學文化叢書策劃群 —— 林和（總策劃）、牟中原、李國偉、周成功

總編輯 —— 吳佩穎
編輯顧問暨責任編輯 —— 林榮崧
封面構成暨美術編輯 —— 江儀玲

出版者 —— 遠見天下文化出版股份有限公司
創辦人 —— 高希均、王力行
遠見・天下文化 事業群榮譽董事長 —— 高希均
遠見・天下文化 事業群董事長 —— 王力行
天下文化社長 —— 林天來
國際事務開發部兼版權中心總監 —— 潘欣
法律顧問 —— 理律法律事務所陳長文律師
著作權顧問 —— 魏啟翔律師
社址 —— 台北市104松江路93巷1號2樓

讀者服務專線 —— 02-2662-0012 ｜ 傳真 —— 02-2662-0007, 02-2662-0009
電子郵件信箱 —— cwpc@cwgv.com.tw
直接郵撥帳號 —— 1326703-6號 遠見天下文化出版股份有限公司

製版廠 —— 東豪印刷事業有限公司
印刷廠 —— 中原造像股份有限公司
裝訂廠 —— 中原造像股份有限公司
登記證 —— 局版台業字第2517號
總經銷 —— 大和書報圖書股份有限公司 電話／02-8990-2588
出版日期 —— 2021年10月28日第一版第1次印行
　　　　　　2024年1月23日第一版第2次印行

定價 —— NT600元
書號 —— BCS212
ISBN —— 978-986-525-338-7 ｜ EISBN —— 9789865253394（EPUB）；9789865253370（PDF）
天下文化官網 —— bookzone.cwgv.com.tw

國家圖書館出版品預行編目(CIP)資料

人類大歷史：知識漫畫. 2, 文明支柱 / 哈拉瑞(Yuval Noah Harari), 范德穆倫(David Vandermeulen)合著；卡薩納夫(Daniel Casanave)繪圖；林俊宏, 顏志翔合譯. -- 第一版. -- 臺北市：遠見天下文化出版股份有限公司, 2021.10
面； 公分. -- (科學文化；212)
譯自：Sapiens : a graphic history. 2, the pillars of civilization
ISBN 978-986-525-338-7（平裝）

1. 文明史　2. 世界史　3. 漫畫

713　　　　　　　　　　　　　110016528

天下‧文化
BELIEVE IN READING